Gabriele Stöger/Wilfried Reiter

Alte Wunden heilen

W0416374

Gabriele Stöger/Wilfried Reiter

Alte Wunden heilen

Warum bestimmte Probleme ständig wiederkehren
und wie man sie in den Griff bekommt

mvg Verlag

Bibliografische Information der Deutschen Bibliothek
Die Deutsche Bibliothek verzeichnet diese Publikation in der Deutschen Nationalbibliografie; detaillierte bibliografische Daten sind im Internet über http://dnb.ddb.de abrufbar.

© 2001 Orell Füssli Verlag AG
Alle Rechte vorbehalten

Copyright © für die Taschenbuchausgabe 2004 bei mvgVerlag, Redline GmbH Heidelberg. Ein Unternehmen von Süddeutscher Verlag | Mediengruppe
www.mvg-verlag.de

Alle Rechte, insbesondere das Recht der Vervielfältigung und Verbreitung sowie der Übersetzung, vorbehalten. Kein Teil des Werkes darf in irgendeiner Form (durch Fotokopie, Mikrofilm oder ein anderes Verfahren) ohne schriftliche Genehmigung des Verlages reproduziert oder unter Verwendung elektronischer Systeme gespeichert, verarbeitet, vervielfältigt oder verbreitet werden.

Umschlaggestaltung: Atelier Seidel, Neuötting
Satz: vmi, J. Echter
Druck und Bindearbeiten: Ebner & Spiegel, Ulm
Printed in Germany 07015/060401
ISBN 3-636-07015-0

Inhaltsverzeichnis

«Those who do not remember the past are condemned to repeat it.»
George Santanaya

Vorwort vom Schatten der Vergangenheit

Sind Sie glücklich?

Eigentlich könnten Sie ganz zufrieden sein mit Ihrem Leben, nicht wahr? Wenn da nicht diese leidige Geschichte wäre. Woher wir das wissen?

Nun, jede(r) hat mindestens so eine Sache, die ihm/ihr den Tag trübt, die Stimmung drückt und keine so rechte Zufriedenheit mit der Welt aufkommen lässt. Was trübt gerade Ihre Stimmung? Sehen Sie?

Es gibt immer etwas, was verhindert, dass wir uns restlos glücklich und zufrieden fühlen können. Und wenn uns jetzt im Moment auch nichts auf die Nerven geht, wissen wir doch, dass es bald wieder so weit sein wird. Denn diese leidigen Geschichten haben etwas Beunruhigendes an sich: Sie kommen immer wieder. Sie kommen mit derart unschöner Regelmaßigkeit wieder, dass es schon geflügelte Fragen dafür gibt:

- Warum gerate ich ständig an die falschen Typen?
- Weshalb erwische ich immer Partner, die mich ausnutzen?
- Warum treffe ich nur Leute, die mir nicht geben können, was ich mir wünsche?
- Weshalb bekomme ich immer Chefs, die mich nicht machen lassen, wie ich gerne möchte?

- Weshalb reagiere ich in ganz bestimmten Situationen total emotional, obwohl es mir hinterher regelmäßig peinlich ist?
- Wieso reagiere ich auf ganz bestimmte Personen eingeschnappt, sobald diese nur den Mund aufmachen?
- Warum kneife ich immer, wenn's darauf ankommt?
- Weshalb falle ich mit meinen Plänen immer wieder auf die Nase?
- Wieso bleibt immer alles an mir hängen?
- Weshalb ist alles so stressig?
- Wieso fühle ich mich so oft überfordert?
- Warum bin ich nie so recht zufrieden, obwohl ich erfolgreich bin?
- Weshalb bekomme ich nicht, was ich mir vom Leben wünsche?
- Warum läuft mein Leben nicht so, wie ich es mir vorstelle?

Bei wie vielen Fragen haben Sie stumm genickt? Wahrscheinlich bei zu vielen. Allein schon das Durchlesen der Fragen erinnert unangenehm an die immer wieder aufbrechenden Baustellen im eigenen Leben. Ein lästiges Gefühl. Doch irgendwie spüren wir auch, dass es für unser Leben wichtig wäre, Antworten auf diese Fragen zu bekommen.

Denn mit diesen Fragen beschäftigen wir uns alle mehr oder weniger erfolglos schon ein ganzes Leben lang. Wir bemühen uns wirklich, unser Leben auf die Reihe zu bekommen, wir fassen gute Vorsätze, strengen uns an, reißen uns am sprichwörtlichen Riemen – aber irgendwie kommen wir in diesen ganz speziellen Fragen einfach nicht voran. Oder wenn, dann nach dem Muster: zwei Schritte vor und drei zurück. Irgendwie landen wir doch wieder bei den falschen Partnern, Chefs, Kunden. Irgendwie läuft's dann doch wieder nicht so, wie wir uns das vorgestellt hatten. Und obwohl wir uns schwören: «Beim nächsten Mal, Auftrag, Beziehungsstreit, Familienbesuch, Partner, Job wird alles anders», kommt es doch wieder genau gleich – nur diesmal eben in einer anderen Variante. Warum?

Wenn bestimmte Probleme sich mit unschöner Regelmäßigkeit wiederholen, liegt es daran, dass deren Ursachen nicht in der Gegenwart, sondern in der Vergangenheit liegen.

Solange wir das nicht erkennen, doktern wir buchstäblich an der falschen Stelle herum: im Hier und Jetzt. Das führt zu nichts – wie wir alle täglich erleben. Noch so viele Ölwechsel heute nützen nichts, wenn mir gestern der Motor kaputtging. Wir sind buchstäblich Gefangene unserer eigenen Vergangenheit, die uns nicht loslässt, bis heute verfolgt, uns in ihren Bann schlägt. Wenn wir immer wieder die falschen Partner, Chefs, Jobs, Kunden, was auch immer erwischen, liegt das nicht an unserer Wahl, unserer Entscheidung, unserem Verhalten von heute, sondern an Problemen von gestern. Besser: von vorvorgestern. Wenn sich trotz vieler Anstrengungen nichts wesentlich in Ihrem Leben ändert, ist das ein Hinweis darauf, dass Sie ein altes Programm aus der Vergangenheit in seinen unheilvollen Bann geschlagen hat. Und dieses Programm wiederholt sich zwanghaft so lange, bis Sie die Problemursachen in der Vergangenheit bearbeitet haben.

Erst wenn das Programm von vorgestern bereinigt ist, verschwinden die Probleme heute.

Wir alle schleppen «alte Geschichten» mit uns herum, welche uns kaum mehr bewusst sind, uns aber nicht loslassen. Sie sabotieren ständig unseren Erfolg, unsere Zufriedenheit, unser Lebensglück. Wir wissen nicht mehr, was der Anlass für diese alten Geschichten war – wir erleben lediglich, dass wir bestimmte Probleme in unserem Leben einfach nicht loswerden: die falschen Partner, die falschen Chefs, immer dieselben Konflikte mit denselben Leuten, immer dieselbe falsche Reaktion in denselben Stresssituationen… Das frisst viel Energie. Ganz zu schweigen davon, dass es unser Glück trübt und unser Gefühlsleben belastet.

Wer diese alten Geschichten endlich bereinigt – dafür ist dieses Buch geschrieben –, fühlt sich danach befreit. Als ob sein Leben unnötigen Ballast verloren hätte. Manchen fällt der sprichwörtliche Stein vom Herzen. Sie werden eine Menge neuer Energie für die wirklich wichtigen Dinge im Leben freisetzen. Denn wenn Sie die Vergangenheit loslassen, lässt die Vergangenheit Sie los. Sie werden zu einer ganz neuen Zufriedenheit mit sich, der Welt und Ihrem Leben gelangen. Und Sie werden feststellen: Das Leben, von dem Sie insgeheim immer geträumt haben, ist nicht nur möglich, sondern machbar – sobald Sie die Fesseln der Vergangenheit loswerden.

Sind Sie bereit, die Fesseln abzuwerfen?

«I've been outside myself for so long. Any feelings I had are close to gone.»
K. D. Lang

1. Wer hat diese Welt bestellt?

Gesellschaft ohne Gefühle

Weshalb geraten wir regelmäßig an die falschen Beziehungspartner oder die schlimmen Chefs? Wieso sind wir trotz aller Erfolge nie so richtig zufrieden mit unserem Leben? Interessante Fragen. Beschäftigen wir uns mit ihnen? Etwa so, wie wir uns mit unserer Altersvorsorge oder beruflichen Fragen beschäftigen? Nein. Warum nicht? Sind diese Fragen vielleicht weniger wichtig als unser Beruf? Im Gegenteil. Wir alle haben in den letzten Jahren zunehmend das Gefühl bekommen, dass alles andere viel weniger wichtig ist, als endlich die Antworten auf diese alten, drängenden Fragen zu bekommen, an denen unsere Zufriedenheit und unser Glück hängt. Warum beschäftigen wir uns dann nicht mit ihnen? Weil das gesellschaftlich nicht erwünscht ist.

Schauen Sie sich nur mal an Ihrem oder jedem beliebigen anderen Arbeitsplatz um. Haben Sie das Gefühl, dass Sie dort auch nur eine einzige Ihrer drängenden Fragen thematisieren könnten? Die wenigsten von uns glauben das. Denn am Arbeitsplatz herrscht arktische Gefühlskälte. In dieser Kälte ist es unmöglich, hochemotionalen Fragen nachzugehen. Das ist auch gar nicht erwünscht, denn:

Also müssen wir, um glücklich zu werden, um die wirklich wichtigen Fragen im Leben zu klären, ins Privatleben flüchten. Leider ist das Privatleben auch nicht viel besser zur Klärung dieser Fragen geeignet. Was sehen unsere Kinder täglich im TV? Welchen animierten Massenmord hat sich heute Ihr Jüngster per Computerspiel «reingezogen»? Das Medienzeitalter hat es binnen kürzester Zeit geschafft, unseren Kindern und Jugendlichen ihre Empathie, ihr Mitgefühl mit anderen, und jeden vernünftigen Umgang mit den eigenen Gefühlen abzutrainieren. Makabre Spitze dieser Entwicklung sind die Killer-Kids in den USA oder die deutschen Brücken-Steinewerfer. Sie geben bei Vernehmungen immer wieder glaubhaft an, sie hätten keine Ahnung gehabt, dass ihr Tun tödlich sein könnte. Wenn nicht einmal mehr der Gedanke an den Tod eines Menschen ein Gefühl hervorrufen kann – wie wollen wir dann die wirklich wichtigen Fragen für unser eigenes Leben klären?

Statt einer wohl tuenden privaten Insel innerhalb des gesellschaftlichen Eismeeres gibt es eine deutliche Parallele zwischen Beruf und Privatem: In den Unternehmen wird fusioniert, restrukturiert und entlassen – egal, was das für die Mitarbeiter heißt. In den Familien wird gestritten und geschieden – egal, ob die Kinder nun damit zurechtkommen oder nicht. Das heißt nicht, dass sich Unternehmer und Beziehungspartner keine Gedanken über das Wohl ihrer Mitarbeiter und ihrer Kinder machten. Doch scheinen diese Gedanken nur geringen Einfluss auf die Gefühlsschädigungen bei den Betroffenen zu haben. In Beruf und Privatleben breitet sich die Gefühlskälte und die Missachtung der wirklich wichtigen Fragen immer weiter aus.

Warum sind wir so erfolgreich, aber so wenig zufrieden? Wir alle ahnen, dass wir uns für eine Antwort auf diese Frage mit unseren Gefühlen auseinander setzen müssten. Doch genau das lebt unsere Gesellschaft nicht vor. Im Gegenteil. Sie reagiert mit Gefühlskälte auf unsere emotionalen Bedürfnisse.

Das gesellschaftliche Gefühlsparadoxon

Unsere leistungsorientierte Gesellschaft honoriert es nicht, wenn wir den wirklich wichtigen Fragen in unserem Leben nachgehen. Sie behindert die Klärung dieser Fragen sogar. Sie denunziert sie als «Gefühlsduselei» und verbannt sie vom Arbeitsplatz. Daraus schließen wir: Die Klärung der wirklich wichtigen Fragen ist schlecht für Erfolg und Arbeit.

Das ist einer der größten Irrtümer unserer Zeit. Denn das Gegenteil ist der Fall: Wirklich erfolgreich ist nur, wer seine Fragen geklärt hat. Wir beobachten das jeden Tag: Als besonders überzeugend und erfolgreich erleben wir jene Führungskräfte, Verkäufer und Kollegen, welche ihre quälenden Fragen geklärt haben, welche deshalb emotional ausgeglichen sind, welche also mit den Gefühlen von Kollegen, Vorgesetzten und Kunden und mit ihren eigenen Gefühlen angemessen umgehen können. Das ist allerdings paradox:

Die Gesellschaft bestraft etwas, was sie belohnt.

Wer am Arbeitsplatz Gefühle zeigt, wird ausgegrenzt. Wer am Arbeitsplatz jedoch mit seinen und anderen Gefühlen umgehen kann, weil die wichtigen Fragen in seinem Leben geklärt sind, wird mit beruflichem und gesellschaftlichem Erfolg belohnt.

Frauen – Gefühle – Männerwelt

Frauen leiden stärker als Männer darunter, dass «das wirklich Wichtige im Leben» bei der Arbeit ausgegrenzt wird. Daraus ergibt sich ein Dilemma: Wenn eine Frau Karriere machen will, gerät sie in eine Welt, in der ihre Gefühle und die wirklich wichtigen Dinge des Lebens keinen Platz zu haben scheinen.

Wenn Frauen Karriere machen wollen, passen sie sich deshalb oft ganz unbewusst den Regeln der Männerwelt an. Man denke an Spitzenpolitikerinnen – lebendes Abbild der berufsbedingten Vermännlichung. Das muss kein Makel sein. So schlecht sind Männer nun auch wieder nicht. Das Problem ist nur: Indem Frauen sich den Regeln der Männerwelt anpassen, geben sie meist ganz unbewusst etwas von sich auf, was sie möglicherweise nicht aufgeben wollten.

Natürlich sollen und müssen Frauen in unserer Gesellschaft vorankommen – aber schauen Sie sich erst einmal die Regeln an, welchen Sie sich anpassen wollen. Männer zum Beispiel sind gewohnt, alles logisch zu begreifen und in geordneten Perspektiven zu betrachten. Das ist eine nützliche Fähigkeit mit einem einzigen Makel: Die Welt ist nicht logisch, sondern chaotisch. Die meisten Männer jedoch können das Chaos nicht ertragen, weil sie Chaos mit Hilflosigkeit und Hilflosigkeit mit Angst gleichsetzen. Angst wiederum ist ein Gefühl, und mit Gefühlen am Arbeitsplatz haben Männer so ihre Probleme.

Frauen können dagegen besser mit dem Chaos umgehen. Sie

passen ihre Entscheidungen flexibel an chaotisch sich ändernde Situationen oder Befindlichkeiten von Beteiligten an – was ihnen prompt von typisch männlicher Seite den Vorwurf der Inkonsequenz einträgt. Typische Männer lehnen solche situationsflexiblen Lösungen ab, weil sie «konsequent» sein möchten. Sie halten sich lieber an Regeln und Prinzipien. Regeln sind gut – wenn man sie jedoch als alleinige Entscheidungsgrundlage wählt, gibt man damit seine Gefühle als Entscheidungsgröße auf. Wer nur nach Regeln und Prinzipien lebt, lebt permanent abgespalten von seinen eigenen Gefühlen. Möchten Sie das?

Erziehung zur Kälte

Wieso kann unsere Gesellschaft nicht mit Gefühlen umgehen? Warum wird die Klärung der wirklich wichtigen Fragen für unser Leben gesellschaftlich aktiv behindert? Weil wir vieles in unserer Erziehung lernen: rechnen, schreiben, logisch denken. Nur eines lernen wir weder in Elternhaus noch in der Schule: mit unseren Gefühlen umzugehen, die wichtigen Fragen zu klären. Im Gegenteil.

> Schon in der Kindheit lernen wir, unsere Gefühle zu ignorieren.

Betrachten wir ein simples Beispiel, das sich täglich zehntausendfach wiederholt: Kläuschen liegt stöhnend im Bett: «Mami, ich kann heute nicht zur Schule, mir ist soo übel.» Die Mami kennt ihren Pappenheimer, redet mit ihm und findet heraus, dass heute ein Test ansteht. Aha, denkt sie, er hat Angst, schlecht abzuschneiden. Beide reden eine Weile über Erwartungen, Leistungen und darüber, dass eine schlechte Note kein Beinbruch ist, wenn man sein Bestes gibt. Klaus lernt daraus, dass er Angst haben darf und dass man über Angst reden kann.

Sascha lernt etwas anderes. Sascha ist Mitschüler von Klaus und versucht denselben Trick. Seine Mutter sagt: «Habt ihr heute etwa einen Test? Und du hast dich nicht vorbereitet, stimmt's? Wenn du fleißiger lernen würdest, müsstest du nicht den Simulanten spielen. Also raus aus dem Bett.» Zugegeben, diese Reaktion ist uns allen schon mal unterlaufen. Und bestimmt hat jeder von uns nur das Beste für das Kind gewollt. Tatsächlich geht der Sprössling dann auch zur Schule und schreibt den Test. Ein Erfolg? Eher ein Pyrrhussieg: Die Kosten des Erfolgs sind beträchtlich. Sascha lernt nämlich, dass er nicht über Angst sprechen darf, dass es nicht okay ist, Angst zu haben. Außerdem lernt er, dass seine Ausreden besser werden müssen.

In frühester Kindheit lernen wir: Sag niemandem, wie du dich wirklich fühlst.

Damit haben wir unsere Ausgangsfragen beantwortet: Weshalb gerate ich immer an die falschen Typen, Chefs, Kunden …? Warum bin ich trotz aller Erfolge so unzufrieden? Wieso kann sich Sascha als erwachsener Mann mit seiner Partnerin nicht über Gefühle, die Beziehung, seine Wünsche unterhalten? Die Antwort ist immer die gleiche: Weil wir es so gelernt haben. Das ist allerdings eine überraschende Antwort. Wir geraten an die falschen Partner, verlieren vor Vorgesetzten regelmäßig die Nerven oder pflaumen unsere Kinder wegen Bagatellen an – weil wir es so gelernt haben. Wie konnte das geschehen?

«Das größte Glück ist die Persönlichkeit, mit sich selbst eins zu sein.»
Goethe

2. Was wir als Kinder lernen, behindert uns ein ganzes Leben

Wenn es wehtut, lernen wir

Wie wir eben sahen, hat Sascha in seiner Kindheit wie viele Männer gelernt: Gefühle zu zeigen, ist nicht okay. Leider läuft diese Lernerfahrung nicht so kühl und sachlich ab, wie es diese Zeilen suggerieren.

Die frühkindliche Lernerfahrung

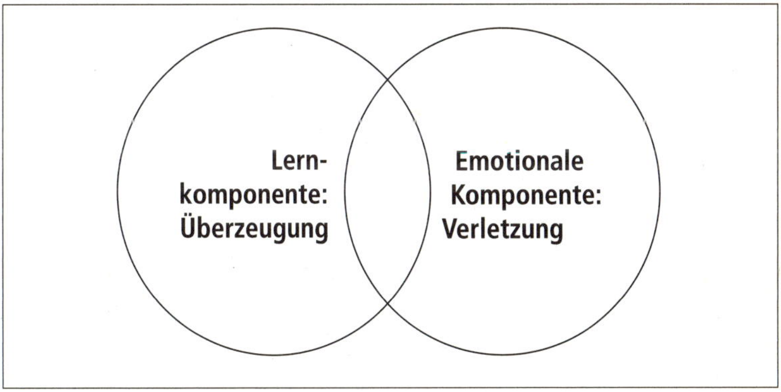

Abb. 01 Lernerfahrung

Sascha lernt nicht einfach, dass Gefühle nicht okay sind, wie er draußen auf dem Fußballplatz lernt, dass man mit dem Innenrist des Fußes einen strammeren Schuss hat. Diese Lernerfahrung ist eine schöne Lernerfahrung. Die Erfahrung, dass Gefühle nicht ausgesprochen werden dürfen, ist es nicht. Zwar sagt seine Mutter nur: «Wenn du fleißiger lernen würdest, müsstest du nicht den Simulanten spielen.» Was sie damit meint, ist lediglich: «Wenn du lernen würdest, müsstest du keine Angst haben.» Was jedoch beim Sprössling ankommt, ist: «Ich darf keine Angst haben. Mama wird wütend, wenn ich Angst habe.»

Wie würden Sie sich als Siebenjährige(r) dabei fühlen? Zurückgewiesen, verletzt, sauer. Diese emotionale Verletzung ist sehr schmerzhaft. Je schmerzhafter ein Ereignis ist, desto intensiver lernen wir daraus. Und diese Lernerfahrung wird zur Überzeugung: «Meine Gefühle und Bedürfnisse sind nicht so wichtig.» Die Überzeugung wird dabei umso fester verankert, je öfter die entsprechende Lernerfahrung wiederholt wird oder je traumatischer sie ist. Anders formuliert:

Je heftiger es wehtut, desto tiefer sitzt die erlernte Überzeugung.

Man braucht kein Einstein zu sein, um zu ahnen, dass ein Mensch mit der Überzeugung «Meine Gefühle zählen nicht» in seinem späteren Leben heftige Probleme mit sich und anderen Menschen bekommen muss. Wie soll er zum Beispiel mit seiner Partnerin ein vernünftiges Gespräch führen können? Er kann es nicht.

Kindliche Lernerfahrungen verfolgen uns ein ganzes Leben lang.

Sie verfolgen uns so lange, bis wir die alten Wunden versorgen, welche diese falschen Erfahrungen verursacht haben. Genau für diesen Zweck ist dieses Buch geschrieben.

Sieben schlimme Lektionen fürs Leben

Wir geraten immer wieder in dieselben belastenden Situationen – falsche Partner, Versagen unter Stress, unerwünschte Affekthandlungen –, *weil wir es so gelernt haben.* Wenn wir heute noch regelmäßig in belastende Situationen geraten, können wir sicher sein, dass wir als Kind eine oder mehrere der folgenden Überzeugungen gelernt haben:

1. «Ich bin hilflos» in den Varianten «Mir hilft keiner» und: «Ich kann ja doch nichts daran ändern.»
2. «Ich werde verlassen. Keiner ist für mich da!»
3. «Das überlebe ich nicht!» Die berühmte Existenzangst.
4. «Meine Bedürfnisse sind nicht wichtig.»
5. «Ich bin nicht wichtig.»
6. «Ich kann keinem vertrauen. Auf nix ist Verlass!»

Und alle diese Überzeugungen münden in einer letzten – weil das kleine Kind niemals die Schuld bei den großen, guten Eltern, sondern bei sich sucht: Mir hilft keiner, auf keinen ist Verlass, meine Gefühle zählen nicht …

7. «… weil ich nicht gut genug bin».

Die Folgen dieser sieben Kernüberzeugungen erfahren wir alle täglich – horchen Sie einmal in sich hinein –, wenn wir uns in Stresssituationen Dinge sagen wie:

- «Man kann sich eben auf nichts verlassen.» (6)
- «Das schaffe ich nicht.» (7)
- «Das wird wieder ganz schlimm.» (3)
- «Kann man eh nix machen.» (1)

Welche dieser Überzeugungen entdecken Sie in sich? Notieren Sie, wenn Sie möchten, und ordnen Sie zu.

In Stresssituationen sage ich mir oder fühle:

Die Generalisierung der Lernerfahrung

Wir lernen in unserer Kindheit die falschen Dinge. So ärgerlich das ist, es ist noch nicht einmal das wirklich Schlimme. Sascha lernt, dass seine Mutter nicht gerne über seine Prüfungsangst redet. Was soll's, könnte man meinen. Das Leben ist hart. Wir alle müssen mit Enttäuschungen leben. Das stimmt zwar, doch bei manchen Enttäuschungen sind die Folgen schlimmer als die Enttäuschung selbst:

> Einige Lernerfahrungen werden verallgemeinert.

Wenn ein Kind einige der sieben Überzeugungen im Alter von einem halben bis einem Jahr gewonnen hat, passiert etwas Tragisches: Es generalisiert diese Erkenntnisse. Es sagt sich nicht: «Jetzt, wo ich klein bin, bin ich hilflos – aber das wird sich ändern, wenn ich groß bin!» Es sagt sich vielmehr: «So ist das Leben eben. Ich bin eben (immer!) hilflos, nicht liebenswert, weniger wichtig …»

Damit ist klar, weshalb wir ständig an die falschen Partner geraten oder immer in denselben Situationen versagen. Wer mit einer der sieben Grundüberzeugungen lebt, wird sich *immer* wie ein Mensch verhalten, der sich selbst für hilflos, nicht liebenswert oder wenig wichtig hält, und daher *immer* dieselben Reaktionen seiner Umwelt hervorrufen.

Das, was wir in einem bestimmten Kontext als Kind lernen, übertragen wir auf all unsere Lebenszusammenhänge, auf unser ganzes Leben.

Wem als Kind wiederholt oder traumatisch vermittelt wurde, dass es nicht liebenswert ist, hält sich künftig *immer* für nicht liebenswert. Wem als Kind nur dann Anerkennung geschenkt wurde, wenn es eine gute Note heimbrachte oder etwas *vorzuzeigen* hatte, glaubt oft sein ganzes Leben, dass man nur dann Anerkennung bekommt, wenn man etwas leistet. Dass man also niemals um seiner selbst willen, sondern immer nur wegen seiner Erfolge geliebt, geschätzt, geachtet wird. Schauen Sie mal die Overachiever, die Karrierehengste in Ihrer Umgebung, an: Das ist die Generalisierung, welche sie in Karriere und Burnout treibt.

Ist es so einfach? Wir werden als Kind verlassen und klammern uns daher ein Leben lang an unsere Partner? Wir lernten als Kind, wie unwichtig wir sind, und hecheln nun ein ganzes Leben lang hinter Beförderung, Status, Macht und Geld her, um uns wichtig zu machen? Ja, es ist so einfach. Aber es ist nicht immer so:

Die Generalisierung des in der Kindheit Erlernten auf das restliche Leben ist nicht zwangsläufig, sie ist lediglich sehr wahrscheinlich.

Doch diese Unterscheidung zwischen Zwangsläufigkeit und hoher Wahrscheinlichkeit ist relativ akademisch: Wir müssen lediglich unser eigenes Leben anschauen, um zu wissen, wie viel alte Geschichten wir mit uns herumschleppen. Da ist es dann völlig egal, ob wir diese lediglich höchstwahrscheinlich oder zwangsläufig aus der Kindheit mitgenommen haben: Wir haben sie mitgenommen.

Die Selffulfilling Prophecy: Hüte dich vor deinen Ängsten – sie könnten wahr werden

Wer als Kind von den Eltern regelmäßig oder traumatisch im Stich gelassen wurde, hält also mit hoher Wahrscheinlichkeit im späteren Leben die ganze Welt für unzuverlässig. Eine solche Person weiß nicht, dass sie die Welt für unzuverlässig *hält*. Sie glaubt vielmehr, dass die Welt unzuverlässig ist. Das hat üble Folgen: Sie lebt ständig in der Angst vor dem Verlassenwerden. Diese Angst beherrscht uns nicht 24 Stunden am Tag. Aber sie kommt immer wieder hoch. Denn schließlich haben wir gelernt: «Es bleibt doch keiner bei mir!»

Nun könnte man einwenden: «Das stimmt doch nicht. Es gibt sehr wohl treue und fürsorgliche Beziehungspartner.» Das ist faktisch richtig. Leider gilt es nicht für Menschen, die in der Angst des Verlassenwerdens leben: Sie werden seltsamerweise auch von treuen Menschen verlassen! Dafür sorgt eine wahre Höllenmaschine: die Selffulfilling Prophecy, die sich selbst erfüllende Prophezeiung.

> Was wir fürchten, tritt ein, weil wir es fürchten.

Luzy zum Beispiel hat als Kind gelernt: «Alle verlassen mich. Keiner ist richtig für mich da.» Betrachtet man ihre wechselnden Beziehungspartner, ist das absoluter Unfug. Darunter sind sehr viele herzensgute und treue Männer – die sie regelmäßig dann doch verlassen, weil: «Die Luzy ist derartig eifersüchtig, das hältst du nicht aus!» Weil Luzy befürchtet, verlassen zu werden, wird sie verlassen. Denn keiner lebt gerne mit einem Partner, der klammert oder ständig klagt: «Du verlässt mich ja doch irgendwann! Du schaust ständig nach Jüngeren!» Wenn das nur oft genug gesagt wird, kommt selbst der treuste Mann auf den Geschmack und schaut sich nach etwas Jüngerem um. Verlässt er dann Luzy tatsächlich, sagt diese: «Siehste, wusste ich's doch. Alle verlassen mich.» Ihre Prophezeiung hat sich selbst erfüllt.

Das klingt brutal und ist es auch – vor allem für Luzy, die in ihren klaren Momenten genau *weiß*, dass ihre Eifersucht das Gegenteil von dem erreicht, was sie möchte. Doch Wissen ist niemals so mächtig wie die alten *Programme*. Wäre dem so, müssten Raucher lediglich *beschließen*, das Rauchen aufzugeben. Denn sie *wissen* alle, dass es schädlich ist. Leider reicht dieses Wissen nicht aus. Wer sich von den alten Programmen lösen will, muss an den Ursprung ihrer Entstehung zurückkehren und sie umschreiben.

Welche Selffulfilling Prophecy macht Ihnen das Leben schwer? Überprüfen Sie doch mal die sieben alten Geschichten. Das führt meist zu verblüffenden Selbsterkenntnissen:

- Wer sich für hilflos hält, verhält sich so, dass er es ist.
- Wer das Verlassenwerden fürchtet, wird deshalb verlassen.
- Wer hinter jedem kleinen Risiko eine Existenzbedrohung

sieht, fühlt sich von jedem kleinen Risiko in der Existenz bedroht.

- Wer seine Bedürfnisse nicht für wichtig hält, wird alles andere viel zu wichtig nehmen.
- Wer sich selbst nicht für voll nimmt, wird von anderen auch nicht für voll genommen.
- Wer allen misstraut, der erntet Misstrauen.
- Wer sich selbst nicht für liebenswert hält, zieht Menschen wie ein Magnet an, die seine Meinung teilen.

Bei welchen Punkten hat's bei Ihnen geklingelt? Und jedes Mal, wenn es wieder klingelt, wenn sich also unsere Selffulfilling Prophecy tatsächlich wieder einmal selbst erfüllt, sagen wir zu uns: «Wusste ich's doch!», und bestätigen damit die Kernüberzeugung noch.

> So dumm und schädlich die alten Überzeugungen sind – sie bewahrheiten sich als Selffulfilling Prophecy.

Wer also eine falsche und schädliche Überzeugung nicht durch eine konstruktive ersetzt, ist dazu verurteilt, diese schädliche Überzeugung immer wieder selbst wahrzumachen, zu bestätigen und immer mehr zu verfestigen, bis sie für eine unumstößliche Wahrheit gehalten wird. Oder wie ein Seminarteilnehmer dazu sagte: «Die falsche Überzeugung verdammt einen dazu, die eigenen Dummheiten auch noch ständig zu wiederholen.»

Wenn sich gewisse Dinge ständig wiederholen

Luzy sagt: «Warum erwische ich eigentlich immer die untreuen Männer?» Sie können daraus einen Lückentext machen: *Warum erwische ich immer …? Warum passiert ausgerechnet mir immer …?*

Füllen Sie für sich die Lücken aus. Dann schalten Sie Ihren gesunden Menschenverstand ein: Wenn sich ein bestimmtes Muster in Ihrem Leben mit unschöner Regelmäßigkeit wiederholt, kann es natürlich daran liegen, dass alle Männer untreu, alle Chefs Scheusale, alle Kollegen unzuverlässig, alle Kunden schwierig, alle Präsentationen stressig, alle Frauen zickig, alle Kinder unehrlich, alle freien Stellen für Menschen über 45 Jahren besetzt, alle … sind. Es kann aber auch daran liegen, dass Sie in Ihrer Kindheit etwas Falsches gelernt haben, das Sie nun unbewusst ständig wiederholen.

> Wenn sich in Ihrem Leben Unangenehmes ständig wiederholt, liegt es nicht an den Umständen, sondern an einem inneren Muster, das Sie zwanghaft wiederholen.

Diese zwanghafte Wiederholung erklärt viele ständig wiederkehrende Ärgernisse in unserem Leben. Sie erklärt, wie wir im Folgenden betrachten,

- weshalb manche von uns auf Kritik so allergisch reagieren;
- weshalb viele Männer den Größten haben wollen;
- weshalb Frauen so gerne bemuttern;
- warum wir so viele Versicherungen haben;
- warum wir das Gefühl haben, dass unsere Wünsche nicht zählen;
- weshalb viele vergeblich dem Traumpartner nachjagen.

Darf ich Sie mal kritisieren?

Susanne hat einen ganz bösen Chef erwischt: «Nichts kann ich ihm recht machen. Ständig nörgelt er an mir herum.» Ihre Kollegen blicken mitleidig und trösten sie. Das ist nett, hat jedoch einen Haken: Der Chef hat eben vier bis fünf lobende Sätze über Susannes Zwischenbericht gesagt. In nur einem halben Satz hat er ganz neutral und vorwurfsfrei auf eine unvollständige Tabelle hingewiesen. Und wegen dieses halben Satzes geht Susanne die Wand hoch.

Was lässt sie so heftig reagieren? Sie hat als Kind gelernt: «Ich bin nicht wichtig.» Diese Überzeugung führt über den Weg der Selffulfilling Prophecy (s. o.) dazu, dass sie es für den Chef tatsächlich nicht ist: Sie nimmt sich nicht für wichtig, hält sich daher mit eigenen Vorschlägen zurück und kann deshalb auch nicht für den Chef wichtig werden – ihre Prophezeiung hat sich selbst erfüllt.

Weil sie sich selbst nicht wichtig nimmt, kann sie auch keine Kritik ertragen. Wenn der Chef ihr 90 Prozent Anerkennung und 10 Prozent Anregung gibt, übersieht sie glatt die 90 Prozent Anerkennung und macht aus den 10 Prozent Anregung 100 Prozent Kritik.

> Wer als Kind «Ich bin nicht wichtig» lernte, ist nur dann mit sich zufrieden, wenn andere zu 100 Prozent mit ihm/ihr zufrieden sind.

Jetzt wissen Sie, warum Sie auf Kritik manchmal so beleidigt, eingeschnappt, wütend oder anderweitig überzogen reagieren: Das hat nichts mit der Kritik oder dem Kritiker zu tun. Das hat etwas mit Ihrer Grundüberzeugung zu tun. Und unsere Umwelt weiß das auch. Wenn Susanne wieder mal wegen einer winzigen Kritik völlig ausflippt, sagt ihre beste Freundin: «Aha, da hat mal wieder jemand einen wunden Punkt getroffen.» Das sagt es deutlich: Es ist nicht die Kritik, es ist der wunde Punkt. Und dieser sitzt innen. Erst wenn Susanne diesen wunden Punkt bereinigt, wird sie angemessen auf Rückmeldungen reagieren können.

In der Zwischenzeit macht sie sich das Leben schwer: Nur wenn alle anderen Menschen hundertprozentig mit Susanne zufrieden sind, geht es ihr gut. Dann ist ihr Selbstwertgefühl im Lot. Auf Deutsch: Sie hat kein eigenes Selbstbewusstsein. Sie ist zu 100 Prozent auf fremde Anerkennung angewiesen. Wenn sie niemand lobt, fällt sie in sich zusammen: «Wusste ich's doch – ich bin nichts wert.»

Wie schlimm dieser Mechanismus ist, erkennen wir an Menschen, die ein eigenes Selbstwertgefühl haben, die einfach selbstbewusst sind. Wie reagieren diese, selbst wenn der Chef nur 10 Prozent Anerkennung und 90 Prozent harte Kritik gibt? Sie reagieren viel ausgeglichener, als Susanne selbst bei 90 Prozent Anerkennung reagiert. Sie sagen: «Pff, der Chef hat wohl 'nen schlechten Tag erwischt.»

Wessen Selbstwertgefühl nicht von anderen abhängig ist, dem macht mangelnde Anerkennung von außen nichts aus.

Wer «Ich bin nicht wichtig» gelernt hat, stellt sich bei der kleinsten Nörgelei selbst total in Frage.

Ein Mann will den Größten haben

Warum ist es für viele Männer so wichtig, den dicksten Wagen, den besten Job, die tollste Vorzeigefrau, die talentiertesten Kinder, das teuerste Haus zu besitzen? Wieso ist für viele Frauen der Tag gelaufen, wenn der Chef sie mal schief anschaut oder nicht grüßt? Weil sie nur einer Regel gehorchen:

> Wir sind süchtig nach Anerkennung von außen.

Weshalb ist «mangelnde Anerkennung für meine Arbeit» einer der häufigsten Kündigungsgründe? Wieso beklagt sich alles über Chefs, die nicht anerkennen können? Warum macht man sich öffentlich lustig über Vorgesetzte, die glauben «Nicht geschimpft ist gelobt genug»? Weil wir süchtig sind nach Anerkennung. Wir benötigen diese Anerkennung für unseren Selbstwert. Ohne Anerkennung von außen fühlen wir uns mies. Deshalb hecheln wir mit heraushängender Zunge hinter jedem Schulterklaps, jedem Pokal, jeder Trophäe her. Weil wir uns Anerkennung von Chef, Kollegen und Freunden erwarten.

Die australischen Aborigines verstehen das überhaupt nicht. Sie verstehen zum Beispiel nicht, warum es bei der Olympiade Wettläufe gibt: «Ein Spiel, bei dem nur einer gewinnt und zwanzig verlieren – was für einen Sinn hat das?» Den Sinn, den Sieger sich gut fühlen zu lassen. Die Aborigines benötigen solche äußeren Krücken nicht. Sie fühlen sich gut, weil sie sich gut finden. Sie brauchen dafür keine Pokale. Sie können das ganz alleine. Oder wie John Candy in «Cool Runnin's» sagt: «Sohn, wenn du ohne Goldmedaille kein Mann bist, bist du auch mit Goldmedaille keiner.» Was benötigen Sie, um sich gut zu fühlen? Wer muss was sagen, damit Sie sich gut fühlen?

Wer etwas Äußeres benötigt, um sich gut zu fühlen, hat gelernt: Ich bin nicht wichtig.

Wer in sich selbst ruht, wer sich selbst Anerkennung geben kann, freut sich zwar, wenn andere ihm Anerkennung geben – doch er/sie braucht sie nicht, um sich gut zu fühlen. Eine von Susannes Kolleginnen zum Beispiel sagt: «Wenn der Chef mich lobt – schön. Wenn nicht, auch nicht schlimm. Denn was ich leiste, weiß schließlich ich am besten.» Sie kann das sagen. Denn sie hat in ihrer Kindheit gelernt: «Ich bin wichtig, so wie ich bin.»

Weshalb Frauen so gerne bemuttern

Der Tanz um den dicken Wagen bei Männern hat eine Entsprechung bei Frauen. Wenn Männer sich ihre Anerkennung von außen vor allem über die Selbstdarstellung holen («Seht her, ich bin der Größte, Schönste, Beste!»), holen Frauen sich diese Anerkennung vor allem übers Gebrauchtwerden. Denn:

Wer gebraucht wird, ist wichtig.

Deshalb nehmen es Frauen so krumm, wenn das Mittagessen nicht gelobt wird: Erwartete, aber nicht gelieferte Anerkennung schmerzt. Deshalb überladen sich Frauen auch mit allerlei Arbeiten, welche die Männer, Kinder, Chefs, Kollegen oder Kunden gut und gerne selber erledigen könnten. Deshalb können viele Frauen nicht Nein sagen: Wer Nein sagt, kriegt dafür keine Anerkennung – glauben sie. Das stimmt natürlich nicht. Wer Nein sagen kann, wird ernst genommen und respektiert. Es kommt darauf an, was frau in der Kindheit eingeprägt bekam: «Du bist nicht wichtig!» Also holt frau sich die fehlende Anerkennung von außen.

Warum wir so viele Versicherungen haben

Die Deutschen gelten als das Volk mit den meisten Versicherungen. Selbst der Bund der Versicherten spricht davon, dass Deutschland total übersichert ist. Weil die Deutschen so vorsichtig und gewissenhaft sind? Nein, weil sie eine alte Geschichte aus ihrer Kindheit nie richtig aufgearbeitet haben, die sie lehrte: «Das überlebe ich nicht!» Irgendwann hat sie als Kind angesichts einer überwältigenden Bedrohung – die wahrscheinlich nur so etwas Banales wie Magenweh war – die nackte Existenzangst gepackt, was beim begrenzten Wissenshorizont eines Kindes relativ schnell passieren kann.

Deshalb brechen viele Männer selbst beim kleinsten Infekt völlig ein: «Wird doch wohl nichts Schlimmes sein?» Die Wartezimmer der Arztpraxen sind voll mit Menschen, die ständig in sich hineinhorchen: Was ist jetzt wieder kaputt? Die ständig das Schlimmste befürchten – weil sie als Kind gelernt haben, dass es immer das Schlimmste ist, und dieses verständliche Missverständnis nie korrigiert haben.

Auch deshalb herrscht in der westlichen Welt eine derartige Gier nach weltlichen Besitztümern: Je mehr man hat, desto sicherer ist man. Das ist natürlich ausgesprochener Käse, wie wir alle in unseren helleren Momenten ahnen. Aber diese Ahnung tritt schnell wieder hinter das alte Programm zurück: «Raffen, ansammeln – dann sind wir sicher!»

Was machen die anderen anders? Jene, die zum Beispiel den Verlust des Jobs als Jobverlust und nicht als Existenzbedrohung sehen? Sie sagen sich: «Irgendetwas finde ich immer.» Warum können sie das sagen? Weil sie Selbstvertrauen haben. Wer dieses Selbstvertrauen als Kind nicht mitbekam und stattdessen «Das überlebe ich nicht!» lernte, ist deshalb noch lange nicht zu einem Leben in Existenzangst oder Übersicherung verurteilt. Er/sie muss eben das nachholen, was seine Eltern ohne böse Absicht versäumten:

> Es ist nie zu spät, das zu lernen, was Sie als Kind hätten lernen sollen.

Das heißt: Das Sprichwort «Was Hänschen nicht lernt, lernt Hans nimmermehr» ist purer Unfug. Wie das viele Eisen im Spinat, das sich als Tippfehler herausstellte. Oder wie Richard Bandler sagte: Es ist nie zu spät für eine glückliche Kindheit. Konkret heißt das: Aufarbeiten. Wo haben Sie dieses dumme Zeug gelernt, dass alles immer gleich eine Katastrophe ist? Wer diesen dummen Glauben abschütteln will, muss zurück zum Lernerlebnis, das diesen Glauben zeugte (siehe Kapitel 12, Seite 140ff. und 14, Seite 163ff.).

«Meine Wünsche sind nicht so wichtig.»

Zu dieser kindlichen Lernerfahrung und ihren schlimmen Folgen in unserem Erwachsenenleben müssen wir nicht viel sagen: Nach diesem Glauben leben wir ja alle mehr oder weniger.

Oder leben etwa Sie alle Ihre Bedürfnisse nach Freude, Spaß, Kontakt, Geborgenheit, Gefühlen, Ruhe, Seelebaumelnlassen, Abenteuer, Erlebnisse, Reisen, Harmonie … aus? Keiner von uns tut das so, dass wir selbst damit zufrieden wären; außer einigen Künstlern und Aussteigern. Deshalb klagen wir ja ständig darüber, dass die Arbeit im Grunde keinen Spaß macht, der Partner zu wenig Zuwendung gibt, das Leben so fade geworden oder die Zeiten so unsicher sind: Unsere ureigensten Bedürfnisse sind nicht erfüllt. Trotz überquellendem Luxus in allen Lebenslagen geht's uns in Wirklichkeit nicht gut. Irgendetwas fehlt immer zum Glück. Warum? Weil wir es nicht gelernt haben, uns mit unseren wahren Bedürfnissen auseinander zu setzen. Stattdessen haben wir gelernt: «Meine Bedürfnisse sind nicht so wichtig. Es gibt Wichtigeres.»

Klaus hatte zum Beispiel eben eine sehr anstrengende Sitzung. Ganz aufgewühlt und unzufrieden kommt er aus dem Sitzungszimmer: Jetzt fehlt ihm etwas. Also setzt er sich vor den PC und surft erst mal eine halbe Stunde im Internet. Danach arbeitet er wieder weiter – aber nicht, weil er sich besser fühlt, sondern weil das schlechte Gewissen überhand nimmt. Und weil Klaus einen Topjob hat, bei dem er quasi im Viertelstundentakt frustriert wird, ist er am Abend nervlich völlig fertig: «Hier kann man sich keine Sekunde erholen!» Ach ja? Obwohl er insgesamt zwei Stunden im Netz war?

Was ist hier passiert? Klaus hatte offensichtlich nach der Sitzung ein Bedürfnis, das er nicht befriedigen konnte. Warum nicht? Weil er gar nicht nachforschte, was das Bedürfnis eigentlich war – er ging sofort surfen. Er stellt die alles entscheidende Frage nicht:

Habe ich vielleicht gerade zu wenig Spaß? Möchte ich mich bewegen? Mit Kollegen quatschen, einfach nur herumsitzen und tagträumen? All das fragt Klaus sich nicht, sondern verpasst sich einfach eine Portion Internet. Warum? Weil er als Kind gelernt hat, dass seine Bedürfnisse nicht wichtig genug für solche Fragen sind. Dass er dabei ganz genau weiß, dass sie wichtig sind, nützt ihm gar nichts. Denn die alte Wunde, die alte Lernerfahrung der Kindheit, ist stärker als jede Vernunft. Will er seine Bedürfnisse ernst nehmen, muss er erst diese alte persönliche Verletzung aufarbeiten (siehe Kapitel 14, Seite 163).

Die Suche nach der Traumfrau

Hören Sie mal zu, wenn Kollegen oder die Freundin von ihrer Traumfrau, ihrem Idealpartner reden. Was diese(r) alles haben und können muss: Das gibt's doch gar nicht. Und wenn's das gäbe, wäre sie sicher schon vergeben und er schwul … Nein, im Ernst: Haben Sie sich nicht schon mal gefragt, warum unsere Phantasien vom Traumpartner derart überzogen sind? Warum Männer zum Beispiel von Xena träumen, einer Figur, die so übertrieben irreal ist, dass selbst ein Männerhirn das erkennen müsste? Warum Frauen immer noch von Harrison Ford schwärmen, obwohl jede weiß, dass Mister Ford in Wirklichkeit ganz anders als in den Movies ist? Inzwischen ahnen Sie es; da steckt ein altes Lernerlebnis, eine alte Wunde dahinter: «Ich bin nicht gut genug.»

Wer sich nicht okay fühlt, sucht sich einen Partner, der okay ist.

Je weniger okay ich mich fühle, desto mehr okay muss der Partner sein. Um Himmels willen! Wer also von Superweib und Supermann träumt, der muss sich ja furchtbar minderwertig fühlen! Menschen, die ihre Tagträume aufmerksam beobachten, bestätigen das mit einem lachenden und einem erschrockenen Auge. Robert sagt zum Beispiel: «Ich träume eigentlich immer nur von Catherine Deneuve, wenn ich total down bin. Wenn ich mich obenauf fühle, habe ich keinerlei Sehnsucht nach einer Superfrau.»

Robert ist noch gut dran. Stellen Sie sich einen Menschen vor, der diesen seltsamen Mechanismus nicht so gut durchschaut wie Robert und einer tollen Beziehung einfach deshalb den Dolchstoß versetzt, weil er allen Ernstes eine Traumfrau sucht. Ohne zu merken, dass er damit etwas kompensieren will, was sich damit nicht kompensieren lässt. Einmal ganz davon abgesehen, dass es die Traumfrau, den Traummann nicht gibt ... Manche Menschen suchen ein Leben lang danach oder sind mit ihrer Beziehung still unzufrieden, weil sie nicht dahinter kommen, dass sie keinen Traumpartner, sondern einen Ersatz für ein altes, dummes Programm brauchen.

«Zu den aussichtslosesten Unterfangen gehört der Versuch, vor sich selbst davonzulaufen.»
Raymond Chandler

3. Auf der Flucht

Vermeiden statt versorgen

Zu dumm, nicht wahr? Da schnappen wir in unserer Kindheit etwas auf und sind möglicherweise unser ganzes Leben lang dazu verdammt,

- uns vor Vorgesetzten hilflos zu fühlen;
- Schweißausbrüche vor Präsentationen zu kriegen;
- Versicherungen und Wertpapiere zu horten;
- trotz aller Erfolge unzufrieden mit uns zu sein;
- dauernd Krach mit unseren Partnern zu bekommen.

Und alles nur, weil wir aus unserer Kindheit eine emotionale Belastung mitgenommen haben. Da sollte man meinen, wir würden im späteren Leben alles daran setzen, um von diesem Schatten der Vergangenheit loszukommen. Tun wir es? Aber im Gegenteil. Wir versorgen die alten Wunden nicht, damit sie uns ein für alle Mal in Ruhe lassen. Warum nicht? Oder anders gefragt: Wenn Sie sich mit dem Hammer auf den Daumen hauen, wie oft hauen Sie danach nochmals drauf? Natürlich kein einziges Mal! Warum? Dumme Frage, weil das wehtut.

Analog verhält es sich mit den falschen Lernerfahrungen der

Kindheit. Hinter diesen Lernerfahrungen stecken, wie wir sahen (siehe Kapitel 2, Seite 21), alte Wunden. Diese Wunden schmerzen. Deshalb haben wir normalerweise keinerlei Lust, «nochmals draufzuhauen». Im Gegenteil. Wir versuchen nach Kräften zu verhindern, dass diese alten Wunden heute wieder zu schmerzen beginnen:

> Anstatt die alten Wunden endlich zu schließen, versuchen wir noch 20, 30, 50, 70 Jahre danach, ihren Schmerz zu vermeiden.

Wer zum Beispiel lernte: «Ich bin nicht wichtig», wird sich normalerweise nicht mit dieser alten Wunde beschäftigen, sondern bei jeder sich bietenden Gelegenheit hinter äußerer Anerkennung her sein, um den Schmerz der alten Wunde zu betäuben. Denn ohne diese Anerkennung würden wir wieder an den alten Schmerz, die traumatische Zurückweisung, erinnert werden. Und genau das möchten wir vermeiden. Wir versuchen davonzulaufen. Funktioniert das?

Warum äußere Dinge nicht helfen

Wer als Kind gelernt hat, dass es nicht wichtig ist, versucht diese böse Erfahrung oft ein ganzes Leben lang zu verdrängen, indem es in jeder Situation nach äußerer Anerkennung schielt. Analog verhält es sich mit allen anderen Kernüberzeugungen. Schön, wenn das funktioniert. Doch genau das ist die Frage: Funktioniert es? Wenn Sie sich niedergeschlagen fühlen und sich nach einem netten Wort vom Chef, Partner, Kollegen sehnen – hilft das?

Sicher, nach dem Zuspruch von außen fühlen wir uns etwas besser. Der Haken daran ist aber: Es wirkt nur kurzfristig und oberflächlich. Wir alle kennen diese Beziehungspartner, die man stündlich der unsterblichen Liebe versichern muss. Warum? Weil diese äußere Anerkennung ihnen zwar hilft, aber nur kurz und wenig. Danach brauchen sie bald den nächsten «Schuss» – denn um nichts anderes handelt es sich hier: um die Sucht nach äußerer Anerkennung. Diese äußeren «Pflästerchen» für unsere inneren Wunden halten alle nur wirklich kurze Zeit.

Der Versuch, eine innere Wunde von außen zu heilen, funktioniert nicht.

Die innere Wunde ist in diesem Fall der ewige nagende Selbstzweifel: «Ich bin nicht gut genug.» Wenn man diesen Zweifel mit äußerer Anerkennung heilen könnte, dann müssten Nobelpreisträger die glücklichsten Menschen der Welt sein. Aber das sind sie nicht. Denn wer vom Selbstzweifel geplagt ist, sagt sich selbst noch während der Verleihungszeremonie in Stockholm: «Andere haben den Nobelpreis viel früher bekommen als ich.»

Wer sich selbst für nicht gut genug hält, findet immer einen Grund, unzufrieden mit sich zu sein.

Das ist der Grund, weshalb wir nie ganz zufrieden mit uns sind. Wir glauben zwar, dass wir unzufrieden sind, weil wir es noch nicht «geschafft» haben. Doch so viele Trophäen wir auch sammeln mögen – wir werden davon nicht wirklich zufrieden. Denn der innere Selbstzweifel kann nicht durch äußere Pflaster geheilt werden.

Keine äußere Anerkennung kann die fehlende innere Anerkennung ersetzen.

Niemand kann Ihnen geben, was Sie sich selbst vorenthalten. Oder umgekehrt: Ein ehrliches «Was war ich heute wieder gut bei der Arbeit!» ersetzt jeden Nobelpreis. Nein: Das wirkt zehnmal so gut. Deshalb hielt es Diogenes im Fass aus: Er war sich selbst genug. Er brauchte Alexanders Weltreich nicht. Er hatte nicht Alexanders alte Wunde, die diesen dazu verurteilte, der Welt größter Eroberer zu werden, nur um ein bisschen Anerkennung zu gewinnen.

Life around the bend

Dieses ständige Hinterherrennen hinter äußeren Dingen führt zu etwas, was die Amerikaner «Life around the bend» nennen:

Mit dem nächsten Partner, der nächsten Versicherung, der nächsten Kapitalanlage, dem eigenen Haus, der nächsten Beförderung, mit dem Renteneintritt, beim nächsten Kind und so weiter und so fort … fühle ich mich endlich sicher, zufrieden, glücklich, ganz und ausreichend.

Wenn jedoch dieser nächste Erfolg endlich erreicht ist, merken wir, dass es immer noch nicht ausreicht. Also sagen wir uns: Mit dem nächsten … Das führt dazu, dass wir nie hier und heute, sondern immer erst morgen glücklich zu sein glauben. Das Leben beginnt nicht hier und jetzt, sondern morgen, nach der nächsten Wegbiegung, eben «around the bend». Wer so lebt, kann nicht glücklich und zufrieden sein, denn glücklich und zufrieden kann man nur in der Gegenwart sein.

Deshalb sind so viele von uns latent so unzufrieden. Wir haben doch nun weiß Gott alles, was wir zum Leben brauchen. Doch zum Glücklichsein reicht es leider immer noch nicht. Warum? Weil es nicht reicht? Nein, weil wir uns nicht reichen. Wer sich selbst genug ist, dem kommt die Welt wie ein nie versiegendes Füllhorn vor.

Wer sich selbst hat, braucht wenig anderes.

Also machen wir uns auf den Weg zu uns selbst.

Innen finden, statt außen suchen

Wenn wir endlich aufhören, draußen zu suchen, was die innere Sehnsucht nicht stillen kann, können wir im Inneren fündig werden:

- Statt ständig vor Situationen davonzulaufen, die hilflos machen: Entdecke die eigene Stärke!
- Statt sich darüber zu ärgern, dass man sich nicht auf den Partner, den Chef, die Mitmenschen, verlassen kann: Lerne, dich auf dich selbst zu verlassen!
- Statt sich mit Versicherungen und Besitz abzusichern: Versichere dich deiner selbst und deiner Möglichkeiten!
- Statt darauf zu warten, dass andere einem die Wünsche von den Augen ablesen: Nimm deine Bedürfnisse selber ernst, bevor du das von anderen erwartest!
- Statt auf Bestätigung von außen zu schielen: Sei selbst stolz auf deine kleinen und großen Erfolge!
- Statt zu erwarten, dass einen andere nicht hängen lassen: Steh

zu dir selbst! Auch und gerade dann, wenn's dir nicht danach ist, du es also am nötigsten hast!
- Statt den Traum zu wollen: So wie ich bin, bin ich okay! Und was nicht okay ist, kann ich ändern.

Im Vergleich zu dem, was wir normalerweise denken, sind das ganz andere Töne, welche am Anfang noch schwer fallen. Doch auch sich selbst genug sein, den inneren Reichtum entdecken kann man lernen. Den Weg zu sich selbst erleichtern einige Wegbegleiter (siehe Kapitel 12, Seite 140).

Was fehlt uns wirklich?

Wenn wir mal wieder sauer sind, dass uns der Chef unsere verdiente Anerkennung verweigert, wenn wir böse auf den Partner sind, weil er/sie uns nicht die gewünschte Aufmerksamkeit oder das gewünschte Verständnis schenkt, können wir
- weiter sauer sein und von anderen die Erfüllung unserer Bedürfnisse erwarten oder
- die Frage stellen: Was fehlt mir wirklich?

Wenn wir uns einmal diese Frage stellen, kommen wir meist auf die richtige Antwort: «Gut, ich bin gerade böse auf den Chef, aber im Grunde liegt das nicht an ihm – ich bin in diesem Punkt einfach empfindlich.»

«Ich ärgere mich nicht wirklich über die unsicheren Zeiten. Ich ärgere mich über meine eigene Unfähigkeit, mit den Bedrohungen in unsicheren Zeiten umzugehen.»

«Statt dauernd an meinem Partner herumzunörgeln, sollte ich mal überlegen, was mit mir nicht stimmt.»

Wenn wir einmal klar und nüchtern überlegen, kommen wir meist schnell dahinter, was uns wirklich fehlt. Tun wir's? Nein, und wenn, dann eher selten. Warum? Weil es bequeme Ersatzbefriedigungen gibt. Anstatt uns mit unseren ureigensten Bedürfnissen auseinander zu setzen,

- betäuben wir sie mit Genussmitteln;
- flüchten wir in die Beziehung;
- verstecken wir uns hinter Ersatzaktivitäten.

Diese drei beliebten Möglichkeiten der Ersatzbefriedigung von Bedürfnissen betrachten wir in den folgenden drei Abschnitten genauer.

Flucht in die Ersatzbefriedigung: «Ich brauche jetzt meinen Kaffee!»

Die Ersatzbefriedigung von Klaus haben wir kennen gelernt: Immer, wenn der Stress zu viel wird, geht er ins Internet, surfen. Nicht, weil das hülfe, sondern weil das ein bequemer Ersatz für die schmerzhafte, die alte Wunde berührende Frage ist: Was fehlt mir wirklich?

Normalerweise begnügen wir uns mit schnellen Ersatzbefriedigungen wie dem berühmten Bürokaffee, der Zigarette, Schokolade, Alkohol und so weiter, anstatt ernsthaft nachzudenken und vielleicht darauf zu kommen, dass ein Spaziergang uns gerade besser tun würde. Auf einem unserer Seminare machten wir so einen

Spaziergang mit allen Teilnehmern. Sechs von zwölf sagten: «Das ist mein erster Spaziergang seit einem Jahr.» Erschreckend, nicht? Wenn wir nicht einmal etwas so Banales wie einen Spaziergang hinkriegen, wie weit ist es dann schon mit uns gekommen? Dafür trinken wir aber jede Menge Kaffee. Ersatzbefriedigung eben. Warum? Weil die Ersatzbefriedigung bequemer ist.

Wir wissen nicht, was uns gut tut. Weil wir nicht danach fragen.

Fragen Sie doch einmal, zum Beispiel jetzt. Es kommt nichts? Sehen Sie, sogar so etwas Einfaches haben wir bereits verlernt. Manche Menschen haben sich diese Frage seit zwanzig Jahren nicht mehr gestellt. Und da erwarten Sie, dass die Antwort wie aus der Pistole geschossen kommt? Es fehlt uns nicht nur die Sensibilität anderen gegenüber (siehe Kapitel 1, Seite 15). Wir haben sie auch gegenüber uns selbst verloren. Wir kriegen nicht mehr mit, was uns fehlt. Das sehen wir allein schon daran, wie ungesund wir leben, sitzen, arbeiten, atmen, unsere Beziehungen wählen … Zwischen dem, was wir wollen, und dem, was uns gut tut, ist eine himmelweite Kluft entstanden.

Wir sind uns selbst fremd geworden. Wir müssen uns erst wieder mit uns selbst bekannt machen.

Flucht in die Co-Abhängigkeit: «Ohne dich kann ich nicht leben!»

Kaffee, Zigaretten, Alkohol, Tabletten oder Drogen sind nicht die einzigen Arten von Ersatzbefriedigung, auf die wir zurückgreifen. Es gibt auch andere Abhängigkeiten, zum Beispiel die Co-Abhängigkeit – die Abhängigkeit von Personen:

> Ich brauche andere, um mich wohl, nicht verlassen, sicher, nicht hilflos, wichtig, gut genug zu fühlen oder um meine Wünsche zu befriedigen.

Wenn Frauen dieser Ansicht sind, spricht man auch vom Cinderella-Komplex: Ohne meinen Traumprinzen ist das Leben nur halb so viel wert. Jeder, der auf der Suche nach dem Traumpartner ist, ist im Grunde co-abhängig. Denn wer nach dem Idealpartner sucht, sagt nichts anderes als: «Ohne ihn/sie kann ich nicht glücklich, zufrieden, ganz … sein!» Fällt Ihnen etwas auf? Dieser Satz entspricht exakt dem Ideal der romantischen Liebe: «Ohne dich kann ich nicht sein!» Ach, wie schön, wie romantisch! Was für eine tiefe Liebe muss da wohl dahinter stehen? Liebe? Von wegen. Das ist die reine Abhängigkeit. Das sagt der Workaholic auch von seinem Kaffee, der Alkoholiker von seinem Schnaps und der Adrenalin-Junkie von seinem Nervenkitzel: Ohne das kann ich nicht leben!

Erschreckend, nicht? Unsere Gesellschaft erhebt eine Art von Liebe aufs Podest des Ideals, die erstens niemals erreicht werden kann – es gibt keine Idealpartner – und die zweitens den einzelnen Menschen in ein Abhängigkeitsverhältnis bringt. Die Gesellschaft behindert die Heilung unserer alten Wunden (siehe Kapitel 1, Seite 15) mit romantischen Mythen, anstatt die Heilung zu fördern.

Überlegen Sie doch mal, wie oft wir sauer auf andere Menschen sind: praktisch ständig. Es vergeht keine Stunde, in der

- ein Mitarbeiter nicht über den «blöden Chef» klagt;
- ein Verkäufer sich nicht über die Kunden aufregt;
- ein Partner nicht etwas vom anderen Partner erwartet, das er nicht kriegt;
- Eltern nicht etwas an ihren Kindern auszusetzen hätten.

Wir leben in einer richtigen Jammerkultur. Ständig erwarten wir von anderen, dass sie etwas Bestimmtes tun. Warum? Damit wir uns besser fühlen. Deshalb lassen wir auch kein gutes Haar an unseren Vorgesetzten, Politikern oder Wirtschaftsbossen. So schlecht sind diese vielleicht gar nicht. Wir erwarten lediglich von ihnen, dass sie uns glücklich, zufrieden, sicher, wichtig machen. Und wenn sie es – aus verständlichen Gründen – nicht tun, dann laden wir unseren Zorn auf sie ab.

> Mein Chef, Partner, Kind … ist dafür verantwortlich, wie ich mich fühle.

Fühle ich mich schlecht, wird der Partner verdammt – anstatt dass ich mich an die eigene Nase fasse.

> Anstatt uns ständig über andere zu ärgern, sollten wir uns fragen: Was kann ich selbst für mich tun?

Für viele Menschen ist dieser Gedanke völlig fremd. Sie sind es einfach gewohnt, dass man von anderen die Erfüllung der eigenen Bedürfnisse erwartet. Doch man kann sich auch selbst Mut zusprechen, sich in den Arm nehmen, sich anerkennen, sich etwas Schönes schenken, sich trösten – das klingt verrückt, ist aber sehr gesund. Probieren und entdecken Sie's doch mal. Sie werden erleben: Es lohnt sich. Menschen, die sich selbst geben können, was sie brauchen, schätzen zwar auch Vorgesetzte, Politiker oder Partner, in deren Gesellschaft sie sich sicher, wichtig oder anerkannt fühlen. Doch sie sind nicht davon abhängig. Oder wie eine Designerin jüngst sagte: «Um mir eine schöne Halskette zu schenken – dafür brauche ich nicht meinen Freund. Diese Freude kann ich mir auch selbst machen.»

Es liegt auf der Hand, dass man mit dieser autonomen Einstellung nicht nur glücklicher ist im Leben, sondern auch die besseren Beziehungen hat. Wer seinen Chef, Partner, Kollegen, Kind nicht mit überzogenen Erwartungen überfrachtet, kommt viel besser mit diesen zurecht, weil sie sich nicht unter dem Erwartungsdruck verbiegen müssen.

Je heftiger ich einen Menschen benötige, desto heftiger fehle ich mir.

Diese Erkenntnis kann sehr hilfreich sein. Der Topmanager eines Chemieunternehmens meint: «Wenn ich mich einmal wieder dabei ertappe, wie ich sauer auf meine Frau bin, frage ich mich: Was erwartest du gerade wieder von ihr? Und dann frage ich mich: Und warum gibst du es dir nicht selbst, anstatt ihr auf die Nerven zu gehen?»

Sie befürchten, dass das, was Sie in Ihrem Inneren finden, nicht ausreicht, um Ihre Bedürfnisse zu befriedigen? Das ist zwar eine verständliche Befürchtung, doch völlig unnötig. Das Gegenteil ist der Fall. Jeder Mensch findet in seinem Inneren alles, was er für ein emotional ausgeglichenes Leben braucht. Mehr noch: Nur im

Inneren finden wir, was wir für ein erfülltes Leben brauchen. Die äußeren Dinge schaffen das nicht. Wenn wir es nicht auf Anhieb finden, heißt das nicht, dass es nicht da ist, sondern dass wir es so lange ignoriert haben, dass wir nun etwas intensiver suchen müssen, um es wiederzufinden.

Flucht in die Aktivität: Zappen statt denken

Unsere Alltagssüchte sind uns bestens bekannt: TV schauen, lesen, Sport treiben, ja selbst meditieren. Wer sich nicht mit sich selbst auseinander setzen will, pumpt im Fitnessstudio Hanteln, vergräbt sich im neuesten Bestseller, schaltet die Flimmerkiste ein, setzt den Discman auf oder schiebt aufkeimende Gedanken ganz einfach so lange beiseite, bis der Teil in uns, der sich damit Aufmerksamkeit verschaffen will, frustriert aufgibt und sich mit somatischen Beschwerden rächt.

> Anstatt Gedanken zu verdrängen und zu übertönen, sollten wir fragen: Woher kommt das? Wozu drängt es mich? Was kann ich tun? Was tut mir gut?

Man könnte fast den Eindruck gewinnen, dass die Hälfte unserer Volkswirtschaft allein zu dem Zweck geschaffen wurde, uns Möglichkeiten zu geben, um vor uns selbst davonzulaufen. Das kann man natürlich tun. Doch den Preis dafür kennen Sie inzwischen: Davon wird nichts besser. Im Gegenteil.

Wie hoch der Preis für das Wegschauen tatsächlich ist, betrachten wir in den folgenden drei Kapiteln etwas genauer, und zwar für drei wesentliche Rollen unseres Lebens. Wir fragen uns: Wenn wir ständig auf der Flucht vor uns selbst, vor unseren eigentlichen Bedürfnissen und vor den alten Wunden sind, welche Auswirkungen hat das dann auf unser Verhalten

- als Vorgesetzte;
- als Eltern;
- als Beziehungspartner?

«Wer über andere schimpft, sagt wenig über andere, viel über sich.»
Chinesisches Sprichwort

4. Chefs mit alten Geschichten

Selbstumgang = Fremdumgang

Chefs, die ihre alten Geschichten nicht bewältigt haben, quälen damit ihre Mitarbeiter – und sich selbst. Und beides, ohne zu merken, was sie da tun. Haben Sie sich zum Beispiel schon mal gefragt, warum bestimmte Vorgesetzte

- ständig misstrauisch auf der Lauer liegen und überall Intrigen vermuten;
- für ihre Karriere fast schon über Leichen gehen;
- Ihnen ständig die verdiente Anerkennung vorenthalten;
- dafür nur auf Ihre Fehler achten;
- permanent antreiben, auch wenn Sie bereits Ihr Bestes geben?

Nein, das tun sie nicht in erster Linie, um Sie zu ärgern und zu quälen. Das tun sie vor allem, weil sie sich selbst ärgern und quälen: Man behandelt andere so, wie man sich selbst behandelt.

> Ein Chef, der sich schlecht behandelt, behandelt seine Mitarbeiter schlecht.

Wer mit sich selbst nie zufrieden ist, kann auch nie mit seinen Mitarbeitern zufrieden sein. Wer seine eigene Leistung nicht anerkennt, kann auch die Leistung anderer nicht anerkennen. Wenn Ihr Chef Ihnen nicht die verdiente Anerkennung gibt, dann nur deshalb, weil er sie sich selbst auch nicht geben kann. Daher die alte Managementweisheit: Management ist Self-Management. Warum behandelt ein Chef sich selbst schlecht? Sie ahnen es. Weil er als Kind gelernt hat: Ich bin nicht gut genug. Ich bekomme nur dann Anerkennung, wenn ich etwas leiste. Ich selbst, meine inneren Werte, meine Persönlichkeit und mein Charakter sind nichts wert.

Im Grunde ist ein Chef, der Sie nicht anerkennt, ein armer Hund. Diese Einsicht führt bei vielen Mitarbeitern dazu, dass sie ihrem Chef nicht länger mit Frust und Ärger, sondern mit Mitleid begegnen: «Ein armer Kerl. Hat's so weit gebracht und ist im Grunde schlechter dran als ich.» Das stimmt. So ein Chef ist permanent im Stress, ständig gehetzt, immer unzufrieden mit sich und seinen Leuten, weil er von der für ihn so wichtigen äußeren Anerkennung nie genug bekommen kann. Und das mit Grund: Denn so große Erfolge er auch erringt, für ihn gibt es immer einen, der es besser kann als er und mit dem er sich vergleicht.

Wer sich ständig mit Besseren vergleicht, ist ständig unzufrieden.

Der Vergleich mit Besseren ist eine der sichersten Methoden, niemals zufrieden, ausgeglichen und glücklich zu werden. Denn selbst wenn man einmal der Beste ist, nützt das nichts: «Ach was, mein Studienkollege Klaus ist schon vor drei Jahren Abteilungsleiter geworden!» Ein Vorgesetzter, der nicht auf sich selbst stolz sein kann, findet immer einen Grund, nicht auf sich selbst stolz zu sein. Deshalb rennt er permanent mit latenten Minderwertigkeitsgefühlen durchs Leben.

Nicht alle Mitarbeiter reagieren mit Verständnis, Erleichterung und Mitleid auf die Einsicht in die Defizite ihres Vorgesetzten. Viele sagen: «Was kann ich dafür, dass er Probleme hat? Schließlich habe ich ein Recht auf Anerkennung!» Inzwischen können Sie das einordnen: So spricht, wessen eigene Sehnsucht nach Anerkennung größer ist als die Einsicht, dass der Chef sie nicht geben kann.

Wer sich über seinen Chef beschwert, fehlt sich selbst.

Anstatt uns über unsere Chefs zu beklagen, sollten wir uns lieber fragen: Und was stimmt mit mir selbst nicht?

Warum manche Chefs keine Anerkennung geben

Alle Chefs wissen nur zu gut, dass sie ihren Mitarbeitern Anerkennung geben müssen. Denn in jedem General-Management-Training hören sie Dutzende Male:

- Der Mensch lebt nicht vom Brot allein.
- What gets rewarded, gets done.
- Anerkennung ist die beste Motivation.
- Erwünschtes Verhalten erhält man nur durch positive Verstärkung.

Dass man Mitarbeiter anerkennen muss, wenn man Leistung von ihnen erwartet, wissen alle Führungskräfte. Warum tun sie's dann so selten? Weil:

Wissen ist immer schwächer als alte Programme.

Chefs, die selten anerkennen, fällt es fast körperlich schwer, ihren Mitarbeitern Anerkennung zu geben. Sie haben dafür jede Menge gute Gründe parat:

«Das ist Einschleimerei. Die Leute wissen doch, was sie leisten.»

«Wenn ich die lobe, dann legen sie sich auf die faule Haut.»

«Mir sagt auch keiner, dass er zufrieden mit mir ist.»

Welche Begründung verwenden Sie? Was bringt Ihr Vorgesetzter immer als Ausrede? Denn dass dies lediglich Ausreden sind, ahnen selbst Führungskräfte, welche sie benutzen. Schließlich haben sie gelernt: Anerkennung gleich Motivation. Warum schaffen sie es trotzdem nicht, Anerkennung zu geben? Weil das alte Programm stärker ist: Wenn ein Chef zugeben würde, dass seine Mitarbeiter Anerkennung brauchen, würde ihm gleichzeitig auch bewusst werden, dass er selbst welche braucht. Und das kann er nicht zugeben. Nicht einmal vor sich selbst. Denn das würde bedeuten, dass er selbst bedürftig ist. Und das ist ihm zu unangenehm. Deshalb weicht er dieser Erkenntnis aus und allen Verhaltensweisen und Gedanken, welche diese Erkenntnis fördern könnten.

Dies ist der grundlegende Mechanismus der Verdrängung, der auf alle alten Wunden angewandt wird. Er bewirkt,

- dass wir uns nicht mit unangenehmen Gedanken auseinander setzen müssen;
- dass die wunden Punkte, welche die unangenehmen Gedanken auslösen, uns weiter quälen.

Was gewinnt ein Chef, wenn er vor sich selbst zugibt, dass seine

Mitarbeiter Anerkennung brauchen? Selbsterkenntnis. Und Selbsterkenntnis ist der erste Schritt zur Verbesserung. Was aber das alte Sprichwort nicht sagt: Selbsterkenntnis ist immer schmerzhaft. Wer diesen Schmerz nicht aushalten kann, flüchtet vor ihm. Das ist der schlechtere Weg. Ein besserer ist, zu lernen, wie man mit dem Schmerz der Selbsterkenntnis umgeht. Indem man zum Beispiel Techniken anwendet (siehe Kapitel 13, Seite 155), welche diesen Schmerz minimal halten.

Der Kontrolletti-Chef

Vielleicht kennen oder haben Sie einen Chef, der in alles hereinregiert, Ihnen ständig über die Schulter guckt, nicht delegieren kann, jedes auch noch so entfernte Risiko doppelt und dreifach absichert und in permanenter Furcht vor Katastrophen lebt – ein so genannter Kontrolletti. Ein Begriff, der übrigens von etlichen betroffenen Managern geteilt wird: «Ich weiß, dass ich mehr Aufgaben abgeben müsste – aber ich bin halt ein alter Kontrolletti!»

Warum tut ein Chef das, wo er doch selbst darunter leidet und weiß, dass seine Mitarbeiter ebenfalls darunter leiden? Sie ahnen es bereits: Wer überkontrolliert, hat als Kind nicht gelernt, mit Unsicherheit umzugehen. Er hat vielmehr gelernt: Auf nichts ist Verlass. Vertraue keinem! Leben bedeutet Unsicherheit – doch wie man damit zurechtkommt, hat der betroffene Chef nicht gelernt.

Wer unter der Unsicherheit des Lebens leidet, kann ihr keine ausreichende Selbstsicherheit entgegensetzen.

Wer sich das bewusst macht, den kann ein Kontrolletti-Chef nicht mehr aufregen. Er weiß: Der Chef kontrolliert mich nicht, weil das nötig wäre, sondern weil er es nötig hat. Es ist nicht mein Problem, es ist seines. Er hat keine Probleme mit mir, sondern mit sich. Und weil er diese Probleme nicht lösen kann, lässt er es an mir aus – das ist übrigens auch einer großen Zahl der betroffenen Chefs durchaus bewusst. Logisch, so ein Chef ist ja nicht dumm. Leider nützt dieses Wissen wenig. Denn das alte Programm ist stärker.

Im Übrigen ist ein Kontrolleti niemals glücklich, auch wenn er 150-prozentig kontrolliert. Denn Sicherheit gibt es für ihn niemals genug. Selbst wenn alles doppelt und dreifach gesichert ist, lässt sich das Risiko des Scheiterns von Plänen und Vorhaben niemals ganz ausschließen – doch genau das möchte der Kontrolletti. Er möchte absolute Sicherheit. Die Restunsicherheit macht ihm das Leben zur Hölle.

Der Glucken-Vorgesetzte

Alle Welt spricht und beklagt sich zwar über die Sklaventreiber unter den Chefs, doch dass es auch das genaue Gegenteil gibt, darüber spricht man selten. Der Glucken-Chef kümmert sich unglaublich intensiv um seine Mitarbeiter. Er versteht sich als Patriarch. Er hat keine Mitarbeiter, sondern eine große Familie. Ist das nicht schön, einen solchen Chef zu haben? Es ist die Hölle. Denn er lehnt sich bis ins Persönliche und Private «seiner» Mitarbeiter hinein: «Sie sehen heute so bedrückt aus. Erzählen Sie doch mal. Ich bin doch für Sie da!» Und wehe, man hat kein Problem – dann fühlt er sich persönlich beleidigt. Warum spielt sich der Chef als Oberretter auf?

Wer gebraucht wird, darf sich wichtig fühlen.

Und wer gerade nicht gebraucht wird, sich aber wichtig fühlen möchte, der sorgt mit verhohlenen Drohungen dafür, dass er gebraucht wird – um seine Anerkennung zu bekommen. Überspitzt formuliert lautet das Motto des Glucken-Chefs: «Du hast gefälligst ein Problem zu haben, damit ich dich retten und in deiner Anerkennung baden kann!»

Die in unserer westlichen Zivilisation so gerühmte Selbstlosigkeit erhält durch diesen Zusammenhang ein neues Licht: Wer selbstlos ist, ist im Grunde hinter seinem eigenen Nutzen her. Paradox, nicht?

So ein Chef geht einem mit seiner fürsorglichen Belagerung, seiner vereinnahmenden Selbstlosigkeit mächtig auf die Nerven – sich selbst jedoch noch mehr. Denn er opfert sich buchstäblich selbst für andere, «die Firma», die Kunden auf – anstatt sich um sich selbst zu kümmern. Da war zum Beispiel der Werksleiter eines Elektrounternehmens, der es tatsächlich schaffte, 45 Wochenenden im Jahr in seinem Büro zu verbringen. Auf die Frage, ob er nicht dem einen oder anderen Mitarbeiter einige Aufgaben delegieren könne, antwortete er: «Aber ich kann doch von meinen Leuten deshalb keine Überstunden verlangen!» Armer Chef. Er gibt buchstäblich sein Letztes für seine Leute – dafür wurde er nicht eingestellt und bezahlt. Das weiß er auch. Leider ist das alte Programm stärker: «Ich bin nur wichtig, wenn ich für andere da sein kann!»

Der Choleriker

Manche Vorgesetzte sind für ihren Zorn bekannt. Zorn an sich ist nichts Anrüchiges. Mal so richtig mit der Faust auf den Tisch zu hauen und seine Meinung in deutlichen Worten zu sagen, kann sehr erfrischend und klärend für alle Beteiligten sein. Doch es hat andere Gründe, weshalb cholerische Chefs gefürchtet werden:

- Wenn der Chef «ausrastet», steht der Anlass (die Mücke) meist in keinem Verhältnis zum Ausmaß (der Elefant) des Zorns.
- Der Chef wird persönlich beleidigend – die schlimmste Todsünde eines Vorgesetzten.
- Aus beiden Gründen schämen sich cholerische Chefs schrecklich für ihre Anfälle und versuchen es hinterher «wieder gutzumachen».

Vom Firmengründer eines großen deutschen Unternehmens für Baugeräte ist zum Beispiel bekannt, dass er generell Ende März die Heizung im Verwaltungsgebäude abdrehen ließ. Als die Mitarbeiter während eines Kälteeinbruchs im April deshalb ihre eigenen Heizlüfter ins Büro brachten, warf er in einem Anfall kurzerhand drei davon aus dem Fenster – das Fenster war noch geschlossen. Zwei Tage danach verteilte er Pralinen an alle Mitarbeiter. Das beeindruckte natürlich weniger als der Fensterwurf.

Choleriker leiden schrecklich unter ihrem Verhalten.

Sie machen sich furchtbare Vorwürfe – leider wird es davon nicht besser. Woher kommt das alles? Als Kind lernte der Vorgesetzte das Verhalten von einer Bezugsperson. Er lernte,

- Ärger niemals herauszulassen;
- ihn so lange zu unterdrücken, bis es einen «zerreißt»;
- wenn der aufgestaute Ärger zu groß wird, beim geringsten Anlass völlig auszurasten.

Choleriker haben niemals gelernt, mit Frust umzugehen.

Sie müssen buchstäblich lernen, wie man sich ärgert. Aber das können sie nur, wenn sie die alte Geschichte bereinigen.

Warum Training versagt

Nun sind diese und ähnliche Verhaltensweisen von Chefs schon lange jedem Chef bekannt. Und auf Führungstrainings wird auch kräftig daran gearbeitet. Warum fruchtet das so wenig?

Die betroffenen Chefs erkennen im Training sehr wohl die Zusammenhänge. Sie sehen, dass sie sich falsch verhalten und ihren Mitarbeitern, ihrem Unternehmen und vor allem sich selbst einen schlechten Dienst erweisen. Sie arbeiten auch sehr motiviert an sich. Doch ändern sich trotz heftigster Bemühungen meist nur 20 Prozent. Es ändert sich nichts Wesentliches.

Warum ändert sich so wenig? Weil die meisten Seminare am aktuellen Verhalten ansetzen: «Warten Sie nicht, bis Sie überkochen. Bringen Sie alles, was Sie stört, sofort auf den Tisch!» Darum bemühen sich die Vorgesetzten dann auch – doch ohne durchschlagenden Erfolg.

Nicht das Verhalten muss sich ändern, sondern das alte Programm.

Wer nur sein Verhalten in der Gegenwart ändert, nicht jedoch das alte Programm aus der Vergangenheit, wird immer wieder in das alte Programm zurückfallen. Denn das Programm ist stärker als jede Selbstdisziplin, vor allem in Situationen, in denen man zu abgelenkt ist, um sich auf seine Disziplin zu besinnen. Also in Stresssituationen – und das heißt für Führungskräfte: praktisch ständig. Deshalb ändert sich nach Trainings auch so wenig: Die alten Programme wurden nicht geändert.

Sicher haben Sie bereits eine ähnliche Beobachtung an Kollegen und an sich gemacht. Und das nicht nur nach Seminaren, sondern auch jetzt während dieser Buchlektüre. Bei vielen wunden Punkten werden Sie auf den zurückliegenden Seiten: «Aha! So ist das also. Das passiert mir nicht wieder!» gedacht haben und allein schon mit dieser Selbsterkenntnis und dem guten Vorsatz einiges erreicht haben. Doch Sie werden auch viele schmerzhafte Rückschläge erlebt haben. Eben deshalb:

Arbeiten Sie an Ihrem Verhalten, aber arbeiten Sie vor allem an den alten Programmen.

«Keiner von uns wollte so werden wie unsere Eltern – und jetzt sind wir's.»

Managerin, 36 Jahre, zwei Kinder

5. Eltern mit alten Geschichten

Wir werden zu dem, was wir hassten

Jeder, der Kinder hat, hat sich irgendwann schon mal gesagt: «Mist, so wollte ich nie werden!» Und jetzt sind wir's. Wir wollten nie so autoritär, gefühlskalt oder verständnislos sein wie unsere Eltern. Doch wer mit offenen Augen durchs Leben geht, ertappt sich ständig dabei, wie er genau die gleichen Fehler macht wie seine Eltern. Nicht dieselben, aber Varianten davon.

Die Anlässe dafür sind so alltäglich wie banal. Greta sagt gerade zu ihrer Jüngsten: «Du Angsthase, nun geh doch endlich auf die Rutsche! So hoch ist die doch gar nicht!» Hinterher beißt sie sich auf die Zunge – wohlgemerkt, hinterher: «Was tue ich denn? Ich verhöhne mein eigenes Kind. Das ist ein starkes Stück!» Und das, obwohl Greta als Kind selbst unter dieser als ganz normal geltenden Verhöhnung gelitten hat. Warum tun wir ausgerechnet das, worunter wir als Kind gelitten haben?

> Wir tun das, worunter wir gelitten haben, weil wir das tun, was wir dabei gelernt haben.

Und je schlimmer wir darunter gelitten haben, desto besser haben wir unsere Lektion gelernt. Greta zum Beispiel wurde von ihrem Vater immer wieder als Angsthase beschimpft, bis sie gelernt hatte: «Du darfst keine Angst haben!» Weil sie selbst keine Angst haben durfte, gestattet sie ihrem Kind auch nicht, Angst zu haben. Das geschieht nicht absichtlich, sondern im Affekt. Bei strengen Eltern ist diese Parallele besonders erstaunlich. Viele Söhne von – in den Worten der Söhne – «erzreaktionären, intoleranten und herrschsüchtigen» Vätern schwören sich, ihre Kinder einmal so zu erziehen, dass sie deren Wünsche, Interessen und Gefühle respektieren und nicht einfach unterbuttern mit der kommoden Entschuldigung: «Ich will doch nur dein Bestes!» Doch was wird aus diesen Söhnen? Sie werden – in den Worten ihrer Söhne – «erzreaktionäre, intolerante und herrschsüchtige» Väter. Warum werden sie zu dem, den sie selbst hassten?

Sie haben als Kind gelernt: Wer die Macht hat, hat das Sagen. Und je stärker sie unter dem übermächtigen Vater litten, desto mehr Machtgehabe eignen sie sich an, damit ihnen niemand mehr dreinreden kann. Auch nicht die eigenen Kinder. Also werden sie zu dem, was sie als Kind am meisten hassten: zum Haustyrannen.

Gute Vorsätze nützen nichts

Natürlich leidet auch der schlimmste Haustyrann unter seiner eigenen Tyrannei; natürlich leidet Greta darunter, dass sie ihr Kind einen Angsthasen schimpft. Selbst in dem Augenblick, in dem sie es schimpft, hat sie ein ganz übles Gefühl dabei. Sie hat sich schon tausendmal vorgenommen, so etwas nie wieder zu sagen – und tausendundeinmal diesen Vorsatz gebrochen. Denn:

Immer wenn es stressig wird, bricht das gelernte Verhalten durch.

Wenn Greta voll auf ihre Erziehungsarbeit konzentriert ist, kann sie sich «zusammennehmen». Doch sobald die Situation haarig wird, sie ohne nachzudenken impulsiv, automatisch, spontan reagiert, schaltet sich automatisch und spontan das alte Programm wieder ein: «Angst ist nicht erlaubt!»

Der Kopf weiß es besser, doch der Bauch macht es anders.

Der gute Vorsatz allein, «Ich möchte meine Kinder besser erziehen als meine Eltern!», reicht nicht aus, um dieses Vorhaben wahr zu machen. Warum nicht? Weil selbst der ehrlichste und beste Vorsatz niemals ein altes Programm löschen kann – sonst hätten Sie Ihre schon lange gelöscht. Denn an guten Vorsätzen hat es Ihnen bislang nicht gemangelt. Schließlich wollen alle Eltern besser erziehen als ihre Eltern – und schauen Sie sich nur an, was dabei herauskommt. Gute Vorsätze reichen nicht aus: Zu einer Veränderung der alten Programme müssen wir die alten Programme an der Wurzel packen.

Eltern, die nicht gut genug sind

Die bestgemeinten Vorsätze haben in der Erziehung meist die schlimmsten Folgen. Einer dieser Vorsätze ist: «Mein Kind soll es einmal besser haben als ich.» Deshalb durfte Eckhard, Sohn eines Elektrikers, auch studieren. Der Vater: «Weil ich es nie durfte – meine Eltern hatten dafür kein Geld.» Also studierte Eckhard –

obwohl er viel lieber Schreiner geworden wäre. Aber das redete ihm sein Vater schon früh aus, denn: «Er soll es einmal besser haben als ich.»

> Das Kind muss den Eltern jene Wünsche erfüllen, die ihnen selbst verwehrt blieben.

Das ist eine besonders subtile Form der Ausbeutung, weil sie gerade nicht von physischer Gewalt begleitet wird, sondern von dem schizophrenen Motto: «Du sollst es besser haben als wir – ob du willst oder nicht!»

Natürlich treibt so eine Ausbeutung die Wirtschaft an. Wenn Sie sich einmal in einem Schülerbus oder auf einem Kinderspielplatz umschauen, wird Ihnen auffallen, dass schon Dreijährige Designer-Outfits tragen. Weil die Eltern die Kleidungsstücke der älteren Geschwister auftragen mussten, sollen es ihre Kleinen nun «besser haben». Oft sparen sich die Eltern die Klamotten der Kleinen vom Mund ab. Das mag ja noch angehen, wenn es nicht so katastrophale Folgen für die Selbsteinschätzung der Kinder hätte. Denn was steckt hinter dem elterlich vorangetriebenen Streben, immer gut auszusehen? Die implizite Botschaft: «Wenn du ordentlich gekleidet bist, haben wir dich lieb.»

Das versteht das Kind – ohne dass die Eltern dies beabsichtigt hätten – als Zurückweisung: «Wir lieben eigentlich nicht dich. Wir lieben dich nicht deiner selbst willen. Wir tolerieren dich nur, wenn du gut angezogen bist.» Hinter dieser Erkenntnis bricht für jedes Kind ein ungeheurer Schmerz auf, den eine kleine Seele nicht verarbeiten kann: «Hey, es geht nicht um mich – es geht um meine Kleider!» Um abzuschätzen, was das für ein Kind bedeutet, sollten

Sie sich nur einmal vorstellen, wie Sie sich fühlen würden, wenn Ihr Partner zu Ihnen sagen würde: «Wie siehst du denn aus? Zieh dir mal was Ordentliches an.» Danach fliegt der Partner raus. Die Eltern kann das Kind nicht rauswerfen. Also lernt es die Lektion und läuft später im Leben – wenn die Lektion generalisiert wird – herum wie Barbie und Ken.

Barbie und Ken

Warum kommen Eltern auf die Idee, dass es ihre Kinder einmal besser haben sollen? Weil die Eltern in ihrer eigenen Kindheit gelernt haben, dass sie so, wie sie waren, nicht gut genug waren (die siebte Lernerfahrung, siehe Kapitel 2, Seite 21). Also müssen es die Kinder besser haben, damit sie gut genug sind.

Die Kinder haben es dabei vorderhand und materiell tatsächlich besser als die Eltern, doch sie lernen dasselbe wie ihre Eltern: Ich bin nicht gut genug. Ich bin als Persönlichkeit nicht liebenswert. Ich muss eine bestimmte Rolle spielen, um von den Eltern anerkannt zu werden. Und als ob dies nicht schon schlimm genug wäre, generalisiert sich diese Kernüberzeugung zu einem Muster im späteren Leben, das man seinem schlimmsten Feind nicht wünschen möchte. Das Muster lautet: Ich bin nicht gut genug. Deshalb muss ich eine bestimmte Rolle spielen,

- um einen liebenswerten Partner zu bekommen;
- um eine gute Beziehung zu haben;
- um einen Arbeitsplatz zu kriegen;
- um mit meinem Chef klarzukommen, und anderes mehr.

Das Resultat dieses unsinnigen Musters sind zum Beispiel Frauen, die morgens eine Stunde im Bad stehen, bevor sie «aus dem Haus gehen können». Sie haben dabei durchaus ihren Spaß. Aber sie würden niemals ohne Make-up und passendes Outfit unter Leute gehen. Denn ohne Make-up sind sie nichts wert – haben sie gelernt.

Aber Männer stehen doch auf «gut gepflegte» Frauen? Sicher, und nicht nur Männer. Unsere gesamte westliche Zivilisation verlangt von einer Frau, dass sie wie ein Modell aussieht. Schlagen Sie doch mal die «Brigitte» auf oder gehen Sie in ein Fitness-Studio. Wir machen uns zu Sklaven eines Rollenbildes, das kein normaler Mensch erfüllen kann. Wer gut aussieht, wird in Beruf und Partnerschaft belohnt. Das Problem ist nur: Wer eine Rolle spielt, geht innerlich vor die Hunde. Nicht sofort, nicht in zehn Jahren, aber nach dreißig Jahren unter Garantie. Kein Mensch hält es auf Dauer aus, mit dem Gedanken im Kopf «Ich bin nicht gut genug!» zu leben. Je länger man/frau eine Rolle spielt, desto schlimmer wird das Leiden an der Rolle. Das alte Programm muss raus.

Die Sünden der Väter vererben sich

Wer als Kind verletzt wurde, vermittelt die Lektion, welche die alte Wunde verursachte, mit hoher Wahrscheinlichkeit auch seinen Kindern: Du bist nicht gut genug, du darfst keine Angst haben, deine Wünsche zählen nicht … So schlagen jene Väter, die selbst geschlagen wurden und schrecklich darunter litten, oft selbst auch ihre Kinder, die schrecklich darunter leiden – sofern sie es nicht schaffen, die alten Programme zu löschen.

Wer seine alten Geschichten nicht in Ordnung bringt, gibt sie an seine Kinder weiter.

Dieser verrückte Mechanismus funktioniert auch dann, wenn ihn die Betroffenen selbst für völlig verrückt halten. So vernachlässigen Eltern, die selbst als Kinder vernachlässigt wurden und sich schworen: «Ich bin später einmal für meine Kinder da», selbst wieder ihre Kinder. Denn sie haben ja gelernt: Der Beruf ist wichtiger als die Kinder. Oder wie einer dieser Väter sagt: «Ich würde gerne mehr Zeit mit meinem Sohn verbringen – aber mitten in unserer Asien-Expansion!» Und nächstes Jahr ist es die Russland-Expansion oder die Hannover Messe oder etwas anderes. Denn wer von den Eltern gelernt hat, dass es wichtigere Dinge als die Familie gibt, findet immer wichtigere Dinge als die Familie.

Die alten Programme sind stärker als unser guter Wille. Sie sind sogar selbst dann stärker, wenn wir uns mit aller Macht gegen sie sträuben – sie kippen dann oft ins Gegenteil. Kerstin zum Beispiel wurde von ihrer Mutter nie richtig getröstet, wenn es ihr mal schlecht ging. Also schwor sie sich – wie viele von uns: «So werde ich bestimmt nicht, wenn ich groß bin!» Im Gegenteil. Sie schwor sich, der liebevollste Partner überhaupt zu werden: «Ich mache es einmal ganz anders!»

Und das tut sie jetzt auch. Mit verheerenden Folgen. Wenn ihr Partner sich niedergeschlagen fühlt, ist sie in ihrem Element. Sie darf trösten. Und das kann sie gut. Aber wehe, es geht dem Partner einmal gut – dann fehlt ihr was!

Die alten Programme lösen auch dann einen Wiederholungszwang aus, wenn wir das Gegenteil von dem tun, was sie vorschreiben.

Dann läuft der Wiederholungszwang eben in die andere Richtung: Wir geraten vom einen Extrem ins andere. Anstatt extrem lieblos wie die Mutter ist Kerstin jetzt ein extremer Retter geworden. Wenn es ihrem Partner «zu gut» geht, bricht sie – ganz unbewusst natürlich – einen Streit mit ihm vom Zaun. Warum? Weil sie ihn danach endlich wieder trösten darf! Klingt absolut verrückt? Dann fragen Sie mal Kerstin, was sie davon hält. Sie findet das alles nicht mehr lustig. Denn natürlich sieht sie in ihren wachen Momenten, was sie da tut. Aber sie kommt nicht los davon! Das alte Programm ist stärker. Sie macht es jetzt zwar, wie sie es sich vorgenommen hatte, völlig anders als die Mutter – aber sie macht es nicht besser. Im Gegenteil. Es ist genauso schlimm.

Das Kind als Wunscherfüllungsapparat

Wer in seiner Kindheit einen Mangel erfahren hat, erwartet nun von seinen eigenen Kindern, dass sie diesen Mangel ausgleichen. Bezeichnend dafür ist die Antwort einer angehenden Mutter auf die Frage nach dem Grund ihres Kinderwunsches: «Ich möchte ein Kind, denn ich möchte endlich bedingungslos geliebt werden.» Was für ein überwältigender Mangel an Liebe in der eigenen Kindheit, im eigenen Leben spricht daraus?

Schön, könnte man sagen, wenn die eigenen Kinder einem unerfüllte Wünsche erfüllen; das ist dann ein ganz harmonisches Geben und Nehmen. Doch leider ist das nicht so. Denn wer von seinen Kindern Wünsche erfüllt haben möchte, ist selten in der Lage, sie ihrer selbst willen zu lieben und anzuerkennen. Das leuchtet ein, denn er liebt sie ja immer nur, wenn sie

- eine bestimmte erwünschte Leistung (Stichworte Fußball-Champion, Studium usw.) erbringen;
- einem bestimmten Aussehen gerecht werden;
- ein erwünschtes Wohlverhalten an den Tag legen.

Das heißt, wir lieben unsere Kinder nicht, weil sie liebenswert sind, sondern für das, was wir von ihnen bekommen: Anerkennung, Bestätigung, bedingungslose Liebe, ein Universitätsdiplom, eine Mittelstürmer-Position bei einem Landesligisten oder Ähnliches. Das bedeutet auch, dass das, was wir uns wünschen, wichtiger ist als das, was das Kind sich wünscht. Was unsere Kinder sich wünschen, ist uns zwar auch wichtig. Doch was im Zweifels- und Stressfall wichtiger ist, ist das, was das Kind uns geben kann: die Erfüllung unserer geheimen Wünsche.

Für die meisten Menschen sind Kinder Mittel zum Zweck.

Das klingt brutal. Das ist es auch. Nämlich für die Kinder. Aber auch für die Eltern. Denn kein Fußballer-Vater hat ein reines Gewissen. Dass sein Sohn im Grunde nicht gerne kickt, ahnt er nur zu gut. Aber er möchte es nicht wissen. Denn wer erfüllt ihm dann seinen Kindheitswunsch? Wer das als strafrechtlich nicht verfolgten Kindesmissbrauch bezeichnen möchte, hat jedes Recht dazu. Leider übersieht man dabei, dass Eltern, die ihre Kinder zur Wunscherfüllung einsetzen, buchstäblich nicht anders können: Das alte Programm hat sie gnadenlos in seinen Fängen und lässt sie nicht mehr los. Es sei denn, sie können sich davon befreien.

Wir leben unsere eigenen Verletzungen so lange fort und geben sie an unsere Kinder weiter, bis wir die alten Wunden endlich aufarbeiten. Wenn Sie einmal vorbildliche Eltern beobachten – ja, es gibt sie –, werden Sie recht schnell erkennen, dass diese relativ unbelastet durchs Leben gehen. Sie haben ihre alten Geschichten bereinigt. Sie halten sich selbst für liebenswert, wichtig und stark. Sie brauchen nicht ihre Kinder, um sich so zu fühlen. Deshalb erhalten auch ihre Kinder das Gefühl, liebenswert, wichtig und stark zu sein. Wer selbst okay ist, gibt dieses Okay auch an seine Kinder weiter. Wäre das nicht eine schöne Aufgabe?

«Ich glaube, mein Freund René bewahrt mich davor, abzuheben.»
«Ist er der wichtigste Mensch in Ihrem Leben?»
«Nein, das bin ich. Ohne arrogant zu klingen – er kommt nach mir. Ich muss mit mir selber glücklich sein. Ich muss mich selber lieben können, damit ich jemand anderen lieben kann.»
Elke Hartmann interviewt Janet Jackson, FOCUS 42/1997

6. Partner mit alten Geschichten

Wer sich liebt, wird geliebt

Inzwischen ahnen Sie, weshalb viele von uns ständig auf falsche Beziehungspartner hereinfallen:

> Wer seine alten Geschichten nicht in Ordnung bringt, bringt damit seine neuen Beziehungen in Unordnung.

Wer seine alten Geschichten nicht bereinigt, erwartet vom Partner, dass er das tut. Das erwarten wir natürlich völlig unbewusst – denn wenn wir es bewusst täten, würden wir ja nicht diese katastrophalen Beziehungskisten eingehen! Wer also in der Kindheit gelernt hat und heute noch darunter leidet,

- dass er/sie hilflos ist, erwartet vom Partner die lange ersehnte Sicherheit, die dieser nicht geben kann (der so genannte Cinderella-Komplex – es gibt ihn auch bei Männern);
- dass er verlassen werden kann, entwickelt eine partnerfeindliche Eifersucht oder ein Klammerverhalten oder geht gleich gar keine Beziehung mehr ein, weil er verlassen werden könnte;
- dass ihre Bedürfnisse nicht wichtig sind, erwartet vom Part-

ner, dass dieser ihr die Wünsche von den Augen abliest, und ist nie damit zufrieden, denn auch der beste Mann ist kein Telepath;
- dass er nicht wichtig ist, erwartet von der Partnerin ständige Anbetung und Aufmerksamkeit, die jedoch niemals ausreicht, das klaffende innere Defizit auszugleichen.

Diese Beziehungstorpedos sind schon schlimm genug. Doch sie sind nichts gegen die Mutter aller Beziehungssabotagen, die Kernüberzeugung: «Ich bin nicht liebenswert.» Wer diese Überzeugung in seiner Kindheit gewonnen hat,
- sieht in allem, was der Partner tut, eine Bestätigung seiner alten Wunde;
- hört in jeder Äußerung des Partners eine Kränkung.

Daher kommen diese völlig unnötigen Beziehungskräche, bei denen nachher keiner mehr weiß, weshalb man sie überhaupt angefangen hat. Nur eines ist klar: Es war wieder eine absolute Lappalie. Beide stehen zum Beispiel bei Ikea. Er will eine andere Lampe als sie – sie fühlt sich sofort persönlich getroffen: «Er lehnt meine Wahl ab, also lehnt er mich ab – weil ich nicht liebenswert bin.» Das sagt sie ihm aber nicht explizit, sondern implizit: «Du bist immer gegen alles, was ich in die Wohnung stellen will.» Und weil das erstens nicht stimmt und zweitens ein expliziter Vorwurf ist, lässt das natürlich kein Mann auf sich sitzen und zeigt nun seinerseits, was er von ihr hält. Darauf hat sie nur gewartet: «Ich wusste doch, dass du mich nicht richtig gern hast.» Die Selffulfilling Prophecy lässt grüßen.

Der Umkehrschluss ist einigermaßen amüsant: «Wenn du

mich lieben würdest, würdest du dieselbe doofe Tiffany-Lampe wie ich schön finden.» Das ist auf den ersten Blick lächerlich – aber nicht, wenn uns das alte Programm gepackt hat: «Du bist nicht liebenswert.» Denn dann sind wir blind für rationale Argumente. Und das Fatale an diesem Beziehungssabotage-Mechanismus ist:

> Wer sich selbst nicht für liebenswert hält, wird niemals glauben, dass dies ein anderer tut.

Wer sich selbst nicht liebt, fordert vom Partner die unmöglichsten Liebesbeweise. Das wäre nicht schlimm, wenn das etwas nützen würde. Wenn also der Partner um des lieben Friedens willen die Tiffany-Lampe auch toll fände. Das Dumme ist nur: Das hilft nichts! Denn wenn der Partner den unmöglichen Liebesbeweis erbringt, denkt der andere nur: «Was stimmt denn mit dem nicht?» Dahinter steht der logische Schluss aus der Kernüberzeugung: «Ich bin nicht liebenswert – und wenn einer mich doch liebt, dann ist er nicht liebenswert.» Wer sich selbst nicht für liebenswert hält, findet immer einen Weg, sich diese Kernüberzeugung zu bestätigen. Besser: Sein altes Programm findet immer einen Weg. Denn wir selbst stehen oft genug völlig verzweifelt buchstäblich neben uns und sehen uns hilflos dabei zu, wie wir gerade wieder in bekannter Manier eine tolle Beziehung totmachen – aber können nichts dagegen tun. Das alte Programm ist stärker.

Beim nächsten Mann wird alles anders

Wie oft haben wir uns das nicht schon gesagt! Und? Wurde es beim nächsten Partner wirklich besser? Nein, nicht wesentlich. Denn es liegt ja nicht am Partner. Es liegt an unserem alten Programm: «Du bist nicht liebenswert!» Und dieses alte Programm bleibt, auch wenn wir die Partner wechseln.

> Alte Programme entwickeln einen Zwang zur Wiederholung.

Also wiederholen wir mit jedem neuen Partner das alte Programm. Vielleicht ist es beim nächsten Partner nicht die Tiffany-Lampe. Die Anlässe wechseln, doch die Ursache bleibt dieselbe: «Ich bin nicht liebenswert.» Wir stehen unter Zwang. Wir erkennen das auch in unseren klaren Momenten. Doch wenn der Partner die nächste Tiffany-Lampe ablehnt, rasten wir automatisch wieder aus: Das Programm ist stärker als die Vernunft. Was ist Ihre «Tiffany-Lampe»? Bei welchen Themen, Situationen und Anlässen haben Sie das Gefühl, dass der Partner Sie nicht liebt?

Natürlich ist es einfacher, den Partner zu wechseln, als das alte Programm abzustellen. Es ist einfacher, zu glauben, dass ein anderer Mensch das Loch füllen kann, das in unserem Selbstwertgefühl klafft. Doch dieser Glaube ist ein Irrglaube. Jede Frau, jeder Mann weiß das im Grunde, wie der Dialog zweier Freundinnen illustriert: «Peter hat mir einfach nicht dieses Gefühl gegeben, begehrenswert zu sein. Mit Klaus wird das besser.»

«Ja? Meine kleine Nichte glaubt auch an den Osterhasen.»

Wir lächeln über Kinder, die an den Weihnachtsmann oder die Zahnfee glauben. Das ist süß, das ist niedlich, das ist schön naiv.

Wir selbst glauben, dass ein anderer Mensch in uns heilt, was wir selbst nicht heilen wollen. Verglichen mit dieser Illusion ist der Osterhase eine wissenschaftlich erwiesene Tatsache.

Warum wir ständig die falschen Typen erwischen

Wir alle kennen die unglaublichen Geschichten von Frauen, die ständig an Prügeltypen geraten, oder gar von Frauen, die bei Prügeltypen bleiben. Alle Welt fragt sich da entsetzt: Warum tut sie das? Wird sie gerne verprügelt? Niemand wird gerne verprügelt – doch was man gern hat oder nicht, ist irrelevant, solange einen ein altes Programm in den Fängen hat.

Über unsere gerechte Entrüstung und unser Unverständnis für solche Frauen vergessen wir gerne, dass wir selbst zwar nicht dasselbe, so doch das Gleiche tun. Kehren wir zu Danielle zurück, der Frau mit der Tiffany-Lampe. Sie hat das Gefühl, dass ihr Partner sie nicht richtig liebt. Tatsächlich hat sie Recht. Danielles Freundinnen sagen: «Die gerät auch immer an solche Macho-Typen, die eine Frau nur als Schlüsselanhänger benützen.» Ihre beste Freundin drückt das anders aus: «Warum suchst du dir auch immer solche Scheißkerle aus?» Damit trifft sie den Nagel auf den Kopf:

> Wer sich nicht für liebenswert hält, sucht sich Partner, die ihn nicht für liebenswert halten.

Das muss man sich einmal vorstellen. Das ist blanker Masochismus. Warum machen wir uns selbst unglücklich? Normalerweise sollte man doch annehmen, dass Menschen, die an einem Mangel an

Liebe leiden, sich Partner aussuchen, welche diese gewünschte Liebe im Überfluss geben können! Genau das Gegenteil passiert:

- Wer sich selbst nicht für liebenswert hält, sucht sich Partner aus, die dasselbe denken.
- Wer seine eigenen Wünsche und Gefühle nicht für wichtig hält, sucht sich Partnerinnen aus, welche seine eigenen Wünsche und Gefühle missachten.
- Wer sich selbst nicht für wichtig hält, sucht sich Partner aus, welche sie nicht ernst nehmen.
- Wer als Kind verlassen wurde, sucht sich Partnerinnen aus, die ihn verlassen.
- Wer als Kind hängen gelassen wurde, sucht sich Partner aus, auf die kein Verlass ist.

> Wir suchen uns mit verblüffender Treffsicherheit jene Partner aus, die uns unglücklich machen.

Stellen Sie sich vor, dieser Mechanismus würde in die umgekehrte Richtung funktionieren! Das wäre die perfekte Partner-Suchmaschine. Warum suchen wir uns die Falschen aus? Weil das unsere Art ist, uns mit der alten Geschichte auseinander zu setzen. Ohne dass wir das bewusst bemerken, schwingt bei jeder Partnerwahl der unbewusste Wunsch mit, die «Geschichte von damals» diesmal zu bereinigen.

> Eine Partnerschaft ist oft der Versuch, die Beziehung zu den Eltern zu heilen.

Und je ähnlicher der Partner den Eltern ist, desto besser funktioniert das. Brrr, das ist ja übel, nicht wahr? Wir suchen uns die Partner passend zu den Eltern aus. Seien Sie versichert: Noch viel übler ist, wenn man/frau das nicht bemerkt.

Wir suchen uns keine Partner aus, wir suchen uns Puppen, mit denen wir eine alte Geschichte aufarbeiten können.

Wer als Kind verlassen wurde, sucht sich Partner aus, bei denen sie ihren «alten Fehler» wieder gutmachen kann. Und das funktioniert natürlich nicht bei Partnern, welche bleiben wollen. Also muss sie einen Partner suchen, der sowieso untreu ist. Und wenn er es nicht ist, wird er dazu getrieben. Dafür gibt es schließlich die Selffulfilling Prophecy.

Wer als Kind Eltern hatte, welche ihn nicht für liebenswert hielten, sucht sich jetzt eine Partnerin, welche das auch nicht tut – um sie zu überzeugen, dass er doch liebenswert ist. Nein, um diese Partnerin stellvertretend für die Eltern davon zu überzeugen, dass man es doch ist. Oder zumindest um dem Partner stellvertretend für die Eltern die in der Kindheit zurückgehaltene Anklage vorzuwerfen: «Du (ihr!) hast (habt) mich nicht richtig lieb!»

Wir suchen uns prügelnde Partner, dominante Xanthippen, gefühlskalte, abweisende, lieblose Workaholics als Partner – so lange, bis wir das alte Muster aufarbeiten, anstatt es ständig zu wiederholen.

Mit wem streiten Sie wirklich, wenn Sie streiten?

Alte Geschichten belasten jede Beziehung. Nirgends wird das so deutlich wie beim Beziehungskrach.

Petra arbeitet halbtags als Teamassistentin und ist sauer auf Partner Fred: «Ständig redet er mir in meine Arbeit rein.» Mindestens einmal die Woche kommt es zum großen Krach. Fred ist fassungslos: «Ich stelle doch nur harmlose Fragen – ich will halt wissen, wie ihr Tag war!» Wir kennen das Muster:

> Aus einer Kleinigkeit wird ein großer Beziehungskrach.

Ähnlich geht es Petra mit Chef und Arbeitskollegen: «Die reden mir dauernd rein! Als ob ich nicht wüsste, wie ich meine Arbeit zu machen habe!» Die Kollegen sehen das anders: «Die lässt sich aber auch gar nichts sagen.» Petra weiß genau, dass sie überreagiert. Denn hinterher ist es ihr regelmäßig peinlich, dass sie mit Partner und Kollegen «eigentlich wegen Lappalien so ins Gericht» geht. Doch so sehr sie auch unter diesen ständig wiederkehrenden Konflikten leidet, so sehr sie versucht, sich «zusammenzunehmen» – es gelingt ihr nie lange und selten besonders gut, weil sie versucht, ein Problem in der Gegenwart zu lösen, das nur in der Vergangenheit zu lösen ist.

Petra fragt sich: «Warum überreagiere ich denn so?» Fred meint: «Irgendwie ist die Arbeit ein wunder Punkt für sie. Aber wieso?» Das riecht alles nach alter Geschichte. Und tatsächlich hat Petras Mutter früher in wirklich alles hineinregiert, was ihre Tochter tat. Das ging Petra damals derart auf den Geist, dass sie noch heute selbst bei der klitzekleinsten Bekundung von Interesse an ihrer Arbeit sofort misstrauisch wird und beim kleinsten Ratschlag gleich die große Keule herauszieht.

Aktuelle Konflikte wurzeln fast immer in der Vergangenheit.

Um es krass auszudrücken: Wir haben eigentlich keine Konflikte. Wir benutzen aktuelle Konflikte, um die alten Konflikte immer und immer wieder nachzuspielen, oft sogar im selben Muster, wie sie früher abliefen. Häufig haben unsere heutigen Konflikte nichts mit den Menschen zu tun, mit denen wir sie führen. Petra zum Beispiel streitet nicht mit ihrem Chef oder ihrem Partner, wenn sie mit ihrem Chef oder ihrem Partner streitet, sie streitet mit ihrer Mutter. Fred zofft sich nicht mit Petra, wenn er sich mit Petra zofft, er streitet sich mit seinem älteren Bruder, der ihn mit seinen Sticheleien auf die Palme trieb. Mit wem streiten Sie im Grunde, wenn Sie mit jemandem streiten?

Ich streite mit

(Sie dürfen eine Liste machen, wenn Sie wollen),

wenn ich mit

----

streite.

Unsere heutigen, regelmäßigen Konflikte haben also nichts mit anderen zu tun, obwohl wir sie rein äußerlich mit anderen führen. Doch innerlich führen wir sie mit unsichtbaren Personen von damals. Genauer gesagt: Es ist jener Teil von uns, der im damaligen Konflikt unterdrückt wurde, welcher heute mit Macht hervorbricht.

Wir werden unsere Beziehungen immer und immer wieder unnötig mit diesen alten Konflikten belasten – bis wir endlich unsere alten Geschichten bereinigen.

Gute Partner sind gute Partner

Wo ist der Mann, die Frau fürs Leben? Nirgendwo. Wir können Partner wechseln und suchen, bis wir alt und grau sind – solange wir unsere alten Geschichten nicht aufarbeiten, geraten wir treffsicher immer wieder an die/den Falschen oder vergraulen selbst die tollsten Partner mit unseren alten Geschichten.

Wer den richtigen Partner finden oder mit dem aktuellen Partner endlich glücklich sein möchte, darf nicht beim Partner ansetzen, er/sie muss bei sich selbst anfangen. Wer seine alten Geschichten aufarbeitet,

- kommt plötzlich glänzend mit einem Partner aus, der ihm/ihr früher mächtig auf den Geist ging;
- kann sich ohne viel Stress vom aktuellen falschen Partner trennen.

Wer sich selbst ein guter Partner ist, ist es anderen auch und findet plötzlich lauter gute Partner.

Wer mit sich selbst klarkommt, kommt auch mit anderen klar. Wer sich selbst für liebenswert hält, trifft plötzlich lauter Menschen, die ihn auch für liebenswert halten und die er für liebenswert hält. Die Selffulfilling Prophecy funktioniert nämlich auch in die positive Richtung. Sehen Sie die Sache doch einmal mit den Augen anderer: Menschen, die sich selbst für liebenswert halten, haben eine Ausstrahlung, die es jedem und jeder unglaublich leicht macht, diese Menschen auch liebenswert zu finden.

Wer seine Beziehung aufräumen möchte, muss erst einmal sich selbst aufräumen. Das ist eine herbe Erkenntnis, wenn man/frau bislang davon ausgegangen ist, dass der Partner an der Beziehungskiste schuld ist, weil er von einem Mangel zu viel und eine andere Eigenschaft zu wenig hat. Dafür bringt die Erkenntnis sehr viel mehr als fruchtlose Schuldzuweisungen der Marke «Die anderen sind schuld».

«Wenn wir die Zufriedenheit nicht in uns finden, ist es zwecklos, sie anderswo zu suchen.»
François La Rochefoucauld

7. Glück ist eine Frage der Überzeugung

Überzeugungen steuern unser Leben

Das ist schon eine seltsame Sache. Da wird einem kleinen Kind vermittelt, dass es nicht liebenswert sei, und noch dreißig Jahre danach sucht es sich die falschen Partner aus oder klebt in einer unglücklichen Beziehung fest. Wieso wirkt ein Irrtum in der frühen Kindheit so lange nach? Eigentlich ist das doch schon so lange her, dass es, wie der Volksmund sagt, gar nicht mehr wahr ist. Und trotzdem wirkt es immer noch. Warum können Erschütterungen in unserer Kindheit noch zwanzig, vierzig, sechzig Jahre später so große Nachwirkungen haben? Weil die Erschütterungen in unserem Kopf mit etwas gespeichert werden, wogegen die Festplatte eines Computers ein Witz ist:

Überzeugungen sind Wunderspeicher.

Was einmal als Überzeugung abgespeichert wurde, ist quasi in Stein gemeißelt: Das bleibt. Wer in der Kindheit zur Überzeugung gebracht wurde, dass er/sie

- hilflos ist,
- verlassen wird,

- nicht wichtig ist,
- niemandem vertrauen kann,
- nicht liebenswert ist,

der glaubt das oft ein ganzes Leben lang – ohne zu wissen, dass er es glaubt. Denn er hält die Welt tatsächlich für so beschaffen, dass er darin hilflos und verlassen ist. Er weiß nicht, dass er das nur glaubt.

Der Unglücksautomatismus

Überzeugungen sind die Ursache unseres Unglücks und gleichzeitig der Schlüssel zum Glück. Workaholics zum Beispiel leiden unter ihrer vielen Arbeit, die sie sich selbst machen. Doch sie können diese viele Arbeit nicht stoppen, denn sie fühlen sich richtig mies, wenn sie mal «faulenzen». Tatsächlich faulenzen sie nicht, sie erholen sich nur in einem Maße, das jeder Arzt verordnen würde und das für normale Menschen noch viel zu gering ist. Doch das merken sie nicht. Sie halten Erholung für «Faulenzen». Warum? Weil sie als Kind gelernt haben: «Anerkennung gibt es nur für geleistete Arbeit.»

Dieses Unbehagen gegenüber Erholungsphasen haben übrigens nicht nur Workaholics. Wir alle haben dieses Gefühl mehr oder weniger täglich. Jeder von uns kennt das schlechte Gewissen, das uns beschleicht, wenn wir einmal zehn Minuten die Füße hochlegen und nur zum Fenster hinausstarren oder uns etwas Teures, Sinnloses und Unnötiges leisten. Woher das schlechte Gewissen? Von der Überzeugung her: «Anerkennung gibt es nur für geleistete Arbeit.» Leider ist uns das in diesem Augenblick nicht bewusst.

Wäre es uns bewusst und könnten wir uns im inneren Dialog qualifiziert mit dieser völlig unsinnigen und in den Burnout führenden Überzeugung auseinander setzen, dann könnten wir unsere Erholungspausen genießen. Aber wir wissen gar nicht, dass hinter unserem schlechten Gewissen eine Überzeugung steckt. Deshalb läuft das Programm «Schlechtes Gewissen und sofort weiterarbeiten» vollautomatisch ab. Wir gehorchen der geheimen Einflüsterung unbewusst, ohne bewusst zu merken, worauf wir eigentlich hören. Deshalb gilt:

Erkenntnis ist der erste Schritt zur Programmabschaltung.

Je tiefer die Überzeugung, desto gravierender die Folgen

Was eine Überzeugung ist, wissen wir alle. Leider wissen wir jedoch recht wenig davon, welche fatalen Auswirkungen solche Überzeugungen haben. Nehmen wir eine typische Stammtischszene. Das Büroteam einer Werbeagentur sitzt im Bistro. Wegen des Weins kommt die Rede auf Italien. Der Art-Director berichtet von seinem Urlaub und der gestohlenen Videokamera. Der Grafiker sagt: «Jaja, Italien – da wird doch alles gestohlen, was nicht verschraubt oder genagelt ist.» Dann beißt er sich auf die Zunge: Der Kundenkontakter ist aus Florenz.

Bemerkenswert ist die Effektivität, mit der eine Überzeugung das Hirn des Grafikers ausschaltet. Er weiß ganz genau, dass der Kontakter ein Italiener ist – schließlich diskutieren sie seit fünf Jahren jeden Montag die Ergebnisse der italienischen ersten Fußballliga. Doch als die Überzeugung «Italiener sind Gauner» sich einschaltet, schaltet sich automatisch sein Verstand aus. Bemerkenswert ist außerdem, wie schnell diese falsche Überzeugung gelöscht wird. Der Kontakter, der mit diesem Argument ständig konfrontiert wird, ist bestens vorbereitet: «Mach mal Urlaub in Miami – da wird nicht geklaut, da schießen sie auf dich!» Der Grafiker merkt es kaum, dass die Überzeugung in seinem Kopf korrigiert wird. Doch seither hat er das Vorurteil nie wieder gebraucht. Überzeugungen, welche sich auf unser Wissen oder unser Verhalten beziehen, lassen sich relativ schnell korrigieren. Ganz anders verhält es sich mit den so genannten Kernüberzeugungen.

Kernüberzeugungen sind im Kern der Persönlichkeit angesiedelt.

«Ich bin nicht liebenswert!», ist so eine Überzeugung. Kernüberzeugungen

- sind viel schwieriger zu korrigieren als normale Überzeugungen;
- haben sehr viel gravierendere Auswirkungen auf unser Leben als normale Überzeugungen.

Es ist eben eine Sache, ob ich glaube, dass Italiener klauen, und eine ganz andere, ob ich glaube, dass ich nicht wichtig bin.

Kernüberzeugungen haben so gravierende Folgen, weil sie aus unserem Wesenskern heraus alles andere steuern.

Kernüberzeugungen steuern buchstäblich alles, was wir denken, sagen, fühlen und tun. Das, was ich im Kern denke, steuert mein

Verhalten also nicht nur in Italien und am Bistro-Tisch beim Thema Italien. Es steuert mein Verhalten, meine Gedanken- und Gefühlswelt 24 Stunden am Tag.

Kernüberzeugungen steuern permanent alle Lebensbereiche.

Sie steuern meine Einstellung zu mir, zu allen anderen Menschen und zu jeder Situation. Wenn diese Kernüberzeugungen also nicht «stimmen», sind es extreme Selbstsabotage-Programme, gegen die eine Gehirnwäsche wie ein Kuraufenthalt anmutet. Umgekehrt gilt: Sind diese Kernüberzeugungen positiv ausgestaltet, haben sie einen König-Midas-Effekt: Alles, buchstäblich alles, was wir anfassen, wird ein Erfolg. Das sieht man am besten an einer Gegenüberstellung positiver und negativer Kernüberzeugungen:

Negative Kernüberzeugung	**Positive Kernüberzeugung**
«Es hilft ja doch nicht. Ich kann ja eh nichts machen. Ich bin hilflos.»	«Irgendetwas geht immer. Wenn ich mich engagiere, kann ich etwas bewegen. Ich nutze meinen Einfluss.»
«Ich kann mich auf keinen verlassen.»	Im Beruf: «Ich kann mich darauf verlassen, dass jeder Mensch stolz sein möchte auf seine Arbeit.» Partnerschaft: «Ich vertraue meinem Partner.»
«Das gibt eine Katastrophe!»	«Ich habe es bis jetzt geschafft, also schaffe ich das auch.»

«Ich habe das nicht verdient.»	«Gönn dir mal was Gutes. Verwöhn dich selbst einmal.»
«Ich bin nicht der wichtigste Mensch auf Erden.»	«Für mich bin ich der wichtigste Mensch.»

Abb. 02 Kernüberzeugungen

Diese Liste ist unvollständig. Sie ließe sich endlos fortsetzen mit all dem Gedankenmüll, den wir täglich mit uns herumschleppen, und den guten Kernüberzeugungen, welche Menschen pflegen, die ein erfolgreiches, ausgeglichenes Leben führen. Doch das ist nicht nötig. Denn hinter allen positiven, förderlichen und nützlichen Kernüberzeugungen steht eigentlich nur eine einzige:

Ich bin wichtig. Ich bin wertvoll. Ich bin etwas Besonderes.

Das mag sich – vor allem für Männer – etwas seltsam anhören. Doch selbst Männer kennen dieses Gefühl aus guten Momenten, wo sie so richtig stolz auf sich waren. In diesen Augenblicken haben wir ganz spontan ein Gefühl für das, was wir sind und können. Jede(r) merkt dabei intuitiv, dass er/sie sich in den Dingen, auf die er/sie besonders stolz auf sich ist, wirklich etwas Besonderes, Einzigartiges ist. Es gibt eben niemanden, der jeden Titel von Bob Dylan auswendig kennt, gleichzeitig ein begeisterter Segler ist, das gewisse Etwas im Umgang mit Kunden hat, für seine Kinder auch mal Überstunden schießen lässt…

Dieses komplexe Gefühl für die eigene Identität und Bedeutung, das Männer ganz selten und Frauen etwas öfter erleben, haben Menschen, die ein ausgeglichenes Leben führen, ständig. Sie sind sich ständig ihres eigenen Wertes bewusst. Man kann sich vorstellen, welche Ausstrahlung das verleiht. Welches Selbstbewusstsein. Welche Energie und Gelassenheit.

Dahin wollen wir.

Warum gibt es so wenige Menschen mit positiver Kernüberzeugung?

Die Antwort darauf kennen Sie bereits: Weil die meisten Eltern aus ihrer Kindheit negative Kernüberzeugungen mitgenommen haben, die sie unabsichtlich und unbewusst an ihre Kinder weitergeben.

Das beginnt schon viel früher, als wir gemeinhin ahnen – obwohl es darüber eine ganze Menge medizinischer Studien gibt. So ist zum Beispiel seit langem bekannt, dass afrikanische Kinder, die natürlich (und in der Hocke) geboren werden und die ersten Monate praktisch im Schultertuch der Mutter zubringen, ihre europäischen und US-Altersgenossen in der Entwicklung um Längen schlagen. Sie sitzen und gehen viel früher und lächeln im Übrigen sehr viel mehr. Betrachtet man im Vergleich dazu ein deutsches Baby, erkennt man die Bedeutung des Begriffs «Geburtstrauma».

Na toll, werden Sie vielleicht sagen. Was kann ich denn dafür, dass ich im Kreißsaal geboren wurde? Natürlich nichts. Wenn wir jedoch damit beginnen, die Schatten der Vergangenheit aufzuarbeiten, sollten wir zumindest einen grobe Vorstellung davon bekommen, was wir alles aufarbeiten müssen. Wir können unsere Geburt zwar nicht mehr ändern. Aber wir können ihre Folgen heilen.

Kampf dem kleinen Tyrannen

Es gibt eine ganze Menge Bücher und Experten, welche Eltern raten, sich nicht von den «kleinen Tyrannen» herumkommandieren zu lassen. Schlägt man Elternzeitschriften auf, findet man seitenweise Tipps, wie man den Kindern beibringen kann, dass sie zu ganz bestimmten Zeiten essen und schlafen sollen, und wie sie es lernen, endlich im eigenen Bett zu schlafen. Die Titel dieser Beiträge und Bücher lauten dann so ähnlich wie: «Jedes Kind kann lernen, im eigenen Bett zu schlafen.» Über diese Nachricht freut sich jede Mutter, jeder Vater. Denn das Problem kennen wir alle.

Auf die Idee, dass das Kind Recht haben könnte, wenn es nicht im eigenen Bettchen schlafen möchte, sind unsere einschlägig publizierten Kinderpsychologen noch nicht gekommen. Warum nicht? Weil die Idee so nahe liegt. Sie ist außerdem empirisch gut fundiert. Afrikanische Mütter lassen ihre Kinder nicht nur bei sich schlafen, sie tragen sie auch ständig im Tuch mit sich herum. Resultat: Die Kinder kriegen, was sie brauchen, und werden daher sehr viel schneller selbstständig.

> Wer sein Kind von Anfang an in direktem Kontakt behält, muss es nicht so lange in direktem Kontakt halten, denn es wird schneller eigenständig.

Anstatt also wenige Monate das Kind buchstäblich mit uns herumzuschleppen, versuchen wir ständig, es vor seiner Zeit «abzunabeln», und müssen es deshalb viel länger zur Eigenständigkeit erziehen. Wir sind eben schon so hoch zivilisiert, dass wir verlernt haben, wie man Kinder erzieht.

Wie man Kinder zur Hilflosigkeit erzieht

Kinder, welche zu bestimmten Zeiten essen und schlafen müssen, lernen, dass sie zu bestimmten Zeiten essen und schlafen müssen. Das ist die erwünschte Wirkung. Die unerwünschte Wirkung ist: Sie lernen dabei auch, dass sie keinen Einfluss auf ihre direkte Umwelt haben, dass ihre Bedürfnisse nicht zählen und dass ihr brennender Hunger weniger wert ist als eine doofe leblose Uhr, die man noch nicht mal essen kann. Sie lernen, dass ihre Wünsche, Gefühle und Bedürfnisse nicht wichtig sind. Sie lernen außerdem, nicht länger auf die Signale ihres Körpers zu achten. Deshalb ignorieren sie später alle Warnzeichen und landen als Führungskräfte mit Infarkten, Nierensteinen und akuten Kreislauferkrankungen in der Notaufnahme. Dies sind alles Befunde, welche mit etwas Körperwahrnehmung vermieden werden könnten.

Der Gipfel der Grausamkeit ist der Rat vieler Psychologen, Kinder nicht in den Arm zu nehmen, wenn sie weinen, «damit sie lernen, auch mal eine Weile allein zu sein». Sie erst in den Arm zu nehmen, wenn sie aufhören zu weinen, damit sie nicht lernen, das Weinen als «Waffe zur Einforderung von Streicheleinheiten einzusetzen». Damit sie lernen, dass nicht Weinen, sondern Wohlverhalten belohnt wird.

Wie grausam das ist, merken Sie ganz schnell, wenn Sie sich mal vorstellen, dass Sie irgendwo liegen, nicht sprechen oder sich anderweitig verständlich machen, nicht gehen und nicht sitzen können. Das einzige Kommunikationsmittel, über das Sie verfügen, ist Weinen. Seit Ewigkeiten haben Sie niemanden mehr gesehen, wissen nicht, ob überhaupt noch irgendjemand da ist und jemals wieder da sein wird, und setzen der Nachforschung in diesen Fragen wegen einfach mal Ihr einziges Ihnen zur Verfügung stehendes Kommunikationsmittel ein – und nichts passiert. Was fühlen Sie? Panik, für die ein Erwachsener kaum mehr eine Vergleichsbasis besitzt. Was lernen Sie daraus? Das einzig Logische: Ich bin vollkommen hilflos. Und das lernen Sie schon mit zwei Monaten. Kein Wunder, dass ein so traumatisches Erlebnis mit der passenden Kernüberzeugung «Ich kann nichts dagegen machen!» uns ein Leben lang verfolgt und uns in bestimmten Situationen zu einer Hilflosigkeit verdammt, die uns danach peinlich und unverständlich ist.

In den ersten Lebensjahren entstehen die Kernüberzeugungen fürs Leben.

So etwas passiert nicht, weil die Eltern so böse wären, sondern weil es ihnen niemand beigebracht hat. Wer ein Auto will, muss einen Führerschein machen. Wer ein Kind will, kriegt nirgends beigebracht, wie man ihm das Richtige beibringt. Im Gegenteil. Wenn da ein Kerl im weißen Kittel mit Fusselbart und Universitätsdiplom einem rät, sein Kind ruhig schreien zu lassen – warum soll man ihm nicht glauben? Schließlich muss er es ja wissen: Auch er wurde zur Gefühllosigkeit erzogen.

Lernen aus Ablehnung und Zuwendung

Ein Kind schreien zu lassen oder auf pünktliche Essenszeiten abzurichten, ist ein aktiver Akt der Erziehung. Fast alle Eltern haben ein schlechtes Gefühl dabei. Sie vertrauen diesem Gefühl jedoch weniger als den so genannten Experten. Das ist schade. Trotzdem ist es eine Chance: Wir tun etwas ganz konkretes Falsches, das wir täglich als latent falsch wahrnehmen und deshalb täglich korrigieren könn(t)en. Leider hat ein Großteil unserer Erziehung nicht diesen Vorteil.

Ein Großteil unserer Erziehung geschieht nicht direkt, sondern indirekt. Zum Beispiel über Lernen durch Imitation. Jede Mutter kennt das. Jonas schiebt seinen Essensteller mit dem Fischfilet mit beiden Händen weg von sich und sagt: «Bäh, Fisch.» Die Mutter ist außer sich und meint zum Gatten: «Das hat er von dir. Kannst du dich am Tisch nicht zusammennehmen?» Und tatsächlich ist Jonas in Mimik, Gestik und Wortwahl exakt der Vater. Jonas' Vater wollte seinen Sohn bestimmt nicht zum Fischverächter erziehen – aber indirekt ist ihm das unabsichtlich gelungen.

Nun ist es schon schwierig genug, bei allen seinen Taten und Worten vor den Kindern die Folgen für deren Verhalten abzuschätzen. Noch schwieriger wird es aber, wenn die Kinder nicht durch Imitation lernen, sondern durch Vermeidung von Ablehnung und Suchen von Anerkennung. Jonas zum Beispiel war die ersten beiden Schuljahre ein kleines Mathe-Genie. Dann ließ seine Rechenleistung rapide nach. Warum? Weil er es Papa recht machen will.

Das klingt verrückt? Das ist es. Der Papa von Jonas hat mit keinem Wort gesagt: «Rechne schlecht!» Im Gegenteil. Er hat ihn bei jeder guten Rechennote gelobt. Verbal. Nonverbal hat es ihm jedes Mal einen kleinen Stich gegeben, wenn er Jonas' Einsen sah: Er selbst war nie ein Rechengenie, und das ließ ihn sein Vater spüren. Deshalb zuckt es immer leicht in seinem Gesicht, wenn er sieht, wie leicht es Jonas fällt, was ihn damals Liter Schweiß und die Anerkennung seines Vaters gekostet hat.

Das ist die menschlichste Geschichte der Welt. Leider haben kleine Kinder eine sehr gute Beobachtungsgabe. Jonas merkt sofort, dass Papa irgendetwas nicht recht ist. Und da Kinder es den Eltern recht machen wollen, vermeidet er künftig das, was dem Vater Unbehagen bereitet, damit er wieder dessen unverminderte Anerkennung bekommt.

Eine Höllenmaschine? Nein, das ist die Höllenmaschine der menschlichen Zivilisation überhaupt. Wenn ein Zucken im Gesicht über die ganze Zukunft eines Menschen entscheidet – da läuft es einem eiskalt den Rücken runter. Jonas kann eine Menge aus diesem Zucken lernen. Er kann lernen,

- dass es gefährlich ist, besser als die Eltern zu sein;
- dass es unklug ist, die eigenen Erfolge vorzuzeigen;
- dass man Erfolge nicht mit ruhigem Gewissen genießen darf;
- dass das, was ihm wichtig ist, ihm gefährlich werden kann.

Dabei kann zum Beispiel auch die negative Kernüberzeugung heraus kommen: «Meine Bedürfnisse können mir gefährlich werden!» Man braucht kein Internist zu sein, um zu sehen, wohin diese Kernüberzeugung führt: direkt in den OP. Nicht nach einem Jahr. Aber nach dreißig Jahren. Denn einerseits kennt Jonas seine Bedürfnisse, andererseits darf er sie nicht befriedigen – und diese innere Zerrissenheit manifestiert sich in körperlichen Symptomen der Anspannung, wie wir sie als «stress related symptoms», als Stresserkrankungen, kennen.

Wie man sein Kind fürs Leben schädigt

Wer an sich selbst in gewissen wiederkehrenden Situationen eine unverständliche Hilflosigkeit beobachtet, wird sich mit etwas Nachdenken daran erinnern, dass er diese Hilflosigkeit buchstäblich gelernt hat. Kinder lernen diese Hilflosigkeit immer dann,

- wenn sie schreien, bis sie blau sind, ohne dass jemand kommt;
- wenn Eltern bei Problemen überreagieren: «Oje, was soll man denn da machen?»;
- wenn sie vor Problemlösungen entmutigt werden: «Lass das, das ist zu schwierig»;
- wenn zu sehr zur Vorsicht gemahnt wurden: «Da könnte was runterfallen!» Das heißt, die Aufmerksamkeit wird auf das Scheitern, nicht aufs Gelingen gelenkt.

Natürlich meinen die Eltern es nur gut damit. Schließlich muss man seine Kinder vor Gefahren beschützen! Was man damit anrichtet beziehungsweise dass es Methoden gibt, konstruktiv zu warnen, ist meist wenig bekannt oder bewusst. Das Resultat kennen wir alle. Insbesondere Menschen in helfenden Berufen können ein Lied davon singen: «Egal, was man zur Problemlösung vorschlägt», sagt ein Unternehmensberater, «zunächst einmal kommt immer das Argument: ‹Das hilft ja doch nichts› – auch wenn die Leute das noch nie probiert haben.»

Wir alle haben uns mehr oder weniger an feste Essens- und Schlafensregeln halten und das anziehen müssen, was den Eltern gefiel oder jene Hobbys wählen müssen, welche die Eltern präferierten. Das hat uns weitergebracht: Ein Hobby ist gut für die Entwicklung. Was wir dabei aber auch gelernt haben: Meine Bedürfnisse zählen weniger als die Bedürfnisse anderer. Eine wichtige Erkenntnis: Wir haben das gelernt. Also können wir – auch jetzt noch – etwas anderes lernen.

Das gilt auch für die Überzeugung, dass wir nicht so wichtig sind. Ist Ihnen das auch schon aufgefallen? Wir möchten schon gerne etwas für unsere Gesundheit, die Familie, unsere eigene Entwicklung tun – aber ständig kommt irgendetwas Wichtiges dazwischen. Das ist Unfug. Das Wichtige ist gar nicht wichtig. Wir glauben es nur, weil wir es gelernt haben. Susi möchte zum Beispiel mit der Mama spielen. Doch die liest gerade die «Freundin»: «Jetzt nicht, Susi.» Susi lernt daraus: Etwas so Nutzloses wie ein bunter Pack Papier, das man noch nicht mal voll malen oder zerknüllen darf, das also ohne jeden Wert ist, ist trotzdem wichtiger als Susi. Also ist Susi das unwichtigste Ding der Welt. Aus Sicht des Kindes ist das völlig logisch.

Und noch lange nachdem Susi den Anlass für diese Kernüberzeugung vergessen hat, bleibt das Gelernte bestehen: Ich bin nicht wichtig. Also ist automatisch alles andere wichtiger. Deshalb finden wir nie Zeit für uns: Nicht, weil wir keine Zeit hätten, sondern weil nach unserer Überzeugung alles andere wichtiger ist. Deshalb fühlt es sich so falsch an, wenn wir uns – auch wenn wir nicht krank sind – um uns kümmern: Die alte Überzeugung redet uns ein, dass es Wichtigeres gibt.

Ähnlich verhält es sich mit dieser ständigen Unzufriedenheit, die wir alle vor uns hertragen. Wir haben so viel erreicht und sind doch so unzufrieden. Warum? Weil wir gelernt haben, dass wir nicht gut genug sind. Wir malen ein Bild, und Mama sagt: «Warum ist die Sonne blau?» Wir bringen eine Zwei nach Hause, und Papa sagt: «Drei Fehler weniger und es wäre eine Eins geworden!» Oder wir werden angespornt: «Das kannst du noch besser!» Also ist das Erreichte wohl nichts wert. Das hängt uns ein ganzes Leben lang wie ein Mühlstein am Hals.

Ganz anders Kinder, die korrekt korrigiert wurden: Sie lernen, wie man Leistung würdigt. Wessen Leistungen gewürdigt werden, der lernt auch, seine Leistungen selbst zu würdigen. Wenn Sie das nicht in der Kindheit gelernt haben, lernen Sie es eben jetzt.

«Es ist merkwürdig, dass die Menschen über die wichtigen Dinge im Leben so wenig nachdenken.»
Graham Greene

8. Was wir brauchen

Nur drei Fehler

Nach den letzten Kapiteln haben Sie möglicherweise den Eindruck gewonnen, dass Eltern keinen Piep sagen können, ohne eine verheerende Kernüberzeugung im Kind auszulösen. Dass wir als Erwachsene nicht nur eine Menge negativer Kernüberzeugungen mit uns herumschleppen, sondern dass neben diesen Kernüberzeugungen noch eine unbegrenzte Zahl von anderen hinderlichen Überzeugungen uns täglich das Leben schwer macht. Angesichts dieser Übermacht negativer Überzeugungen fühlen wir uns überwältigt.

Das ist nicht gut. Denn je überwältigender und komplexer ein Problem, desto weniger trauen wir uns an seine Lösung heran. Also reduzieren wir am besten die Komplexität mit geeigneten Mitteln. Eines dieser Mittel geht auf Fritz Perls, den Begründer der Gestalttherapie, zurück. Grob vereinfacht entdeckte er etwas ganz Simples:

Ein Kind hat eigentlich nur drei Grundbedürfnisse: Sicherheit, Freiraum, Einzigartigkeit.

Das erscheint auf den ersten Blick sehr wenig. Wenn wir uns diese drei Grundbedürfnisse (wir gehen weiter unten genauer auf sie ein) jedoch einmal als Schubladen vorstellen, merken wir recht schnell, dass die vielen negativen Überzeugungen tatsächlich alle in nur drei Schubladen passen:

Drei Axiome zu drei Grundbedürfnissen

1. Jede unserer negativen Überzeugungen entstand aus einer Verletzung eines von nur drei Grundbedürfnissen.
2. Jede hinderliche Überzeugung in unserem Leben schränkt eines (oder mehrere) von drei Grundbedürfnissen ein.
3. Das Problem der vielen negativen Überzeugungen können wir entscheidend vereinfachen, indem wir schlicht prüfen, welche der drei Grundbedürfnisse verletzt sind.

Der universelle Schnelltest

Die ganze Problematik der vielen negativen Überzeugungen können wir also viel leichter

- verstehen,
- uns einprägen
- und lösen,

wenn wir alle Kernüberzeugungen einfach auf die drei Grundbedürfnisse zurückführen. Als Eltern müssen wir uns also nicht ständig fragen: «Oje, welche negative Überzeugung löse ich denn gerade völlig unabsichtlich bei meinem Kind aus?» Ich muss mich lediglich fragen: Vermittle ich im Augenblick alles, was es braucht – genügend Sicherheit, Freiraum, Einzigartigkeit?

Wenn Sie «gute» Eltern beobachten, werden Sie feststellen,

dass diese ganz intuitiv sich an diesen drei Säulen der Erziehung ausrichten. Sie

- schützen das Kind, wann immer es Schutz und Orientierung braucht; sie erziehen konsequent, also nicht heute so und morgen anders (Sicherheit);
- überbehüten es nicht, sondern geben ihm ausreichend Freiraum, seine eigenen Fehler zu machen;
- vermitteln ihm seine Einzigartigkeit, indem sie seinen Willen respektieren – auch wenn sie sich manchmal gegen diesen Willen entscheiden müssen (wenn es zum Beispiel auf die Herdplatte fassen möchte).

Auch als Erwachsener komme ich leichter mit meinen eigenen negativen Überzeugungen zurecht, wenn ich sie einfach auf die drei Grundbedürfnisse zurückführe. Ich muss also nicht unbedingt fragen: «Moment mal, welche negative Kernüberzeugung macht mir gerade das Leben schwer?» Ich muss lediglich fragen: Welches der drei Grundbedürfnisse schränkt diese Überzeugung ein? Diese Frage ist bereits ein wirksames Mittel zur Beseitigung negativer Überzeugungen. Wenn ich mich wieder einmal dabei ertappe, dass ich mich vor einem Problem selbst schlecht mache («Ich schaffe das doch nicht. Dazu fehlt mir die Erfahrung»), führt die Frage nach dem eben verletzten Grundbedürfnis zur Einsicht: Mit dieser Überzeugung tue ich mir keinen Gefallen. Ich verletze mein Grundbedürfnis nach Einzigartigkeit. Also sollte ich eine Überzeugung wählen, die dem Problem und meinen Bedürfnissen eher gerecht wird.

Wenn Sie sich die Frage nach dem verletzten der drei Grundbedürfnisse stellen, werden Sie auch in einer anderen Frage weiterkommen: Was fehlt mir gerade? Diese Frage haben wir bereits (siehe

Kapitel 3, Seite 39) als entscheidend zur Lösung unserer ständig wiederkehrenden Probleme erlebt. Klaus zum Beispiel geht netzsurfen, wenn er frustriert ist. Wenn er sich die Frage stellen würde, was ihm fehlt, käme er möglicherweise dahinter, dass ein kleiner Plausch mit Kollegen ihm besser tun würde. Das setzt voraus, dass er fühlt, was ihm gut tut. Wenn er sich jedoch die Frage nach den drei Grundbedürfnissen stellt, kann er dieses vage Gefühl mit festem Wissen kultivieren: Welches meiner drei Grundbedürfnisse ist nach dieser stressigen Arbeitssitzung verletzt? Wurden

- meine tollen Vorschläge nicht gewürdigt (Einzigartigkeit);
- widersprüchliche, desorientierende Beschlüsse gefasst (Sicherheit);
- meine Spielräume eingeengt (Freiraum)?

Sie sehen: Mit diesen Fragen kommt Klaus sehr viel näher an das heran, was ihm im Augenblick gut tun würde. Wenn seine Vorschläge untergebügelt wurden, kann er zum Beispiel darauf pochen, dass sie zumindest im Protokoll der Sitzung genügend gewürdigt werden. Wenn sein Freiraum beschnitten wurde, kann er nachverhandeln. Wenn die Sitzung konfus war, kann er seine innere Sicherheit zurückgewinnen, indem er Ordnung ins Chaos bringt und zum Beispiel ein eigenes Protokoll verfasst. Und all das bringt ihm viel schneller und besser, was ihm gerade fehlt, als wenn er surfen oder einen Spaziergang machen würde.

Nutzen Sie den universellen Schnelltest. Fragen Sie sich, wenn Sie ein ungutes Gefühl haben: Welches meiner Grundbedürfnisse wird gerade verletzt? Was brauche ich also?

Dieser Universaltest passt auf jede Überzeugung, jede Situation, jedes emotionale Problem und jede alte Geschichte. Probieren Sie's aus. Sie werden erstaunt, erleichtert und erfreut sein. Mit diesem Universaltest gewappnet gehen wir zurück in die Welt, in der wir leben, und erleben eine böse Überraschung: Die alten Geschichten haben die Weltherrschaft an sich gerissen!

Freiraum

Mit Ihrem jetzigen Wissen um die alten Geschichten werden Sie ein seltsames Phänomen erleben, wenn Sie die Welt um sich herum betrachten: Sie sehen plötzlich nur noch alte Geschichten! Die alten Geschichten bestimmen buchstäblich unser Leben. Vor lauter negativer Überzeugungen ist kaum noch «normales» Leben übrig. Auf Schritt und Tritt begegnen wir negativen Überzeugungen. Nehmen wir zum Beispiel die Kernüberzeugung 1: «Da kann ich nichts machen.»

Die meisten Führungskräfte beklagen sich darüber, dass dies exakt die Kernüberzeugung der meisten ihrer Mitarbeiter sei. Dass sie völlig unselbstständig seien und ständig darauf warteten, dass ihnen jemand sagt, wo es langgeht. Wenn etwas im Unternehmen schief läuft, sind «die da oben» schuld. Das ist nicht nur im Beruf, sondern in unserer ganzen Gesellschaft so: In jeder kleinen Krise wird sofort nach dem Staat gerufen, nach jemandem, der es für mich richtet. Das ist Unselbstständigkeit, die kleine Schwester der Hilflosigkeit.

Der Fertigungsleiter eines Werkzeugbauers kommt in eine seiner Werkstätten und fragt:

«So ruhig bei euch heute – warum habt ihr nicht das Ra an?»

«Das ist schon seit drei Wochen kaputt!»

«Ja warum habt ihr es nicht längst reparieren lassen?»

«Weil sich kein Schwein drum kümmert, wie wir hier arbeiten. Denen da oben ist das doch egal!»

Unglaublich, nicht? Warum braucht ein normaler Mensch einen Topmanager, um ein Radio in Reparatur zu geben? Die Antwort kennen Sie: Weil er es so gelernt hat. Er hat in seiner Kindheit gelernt, seine Probleme zu lösen, indem er nach jemandem sucht, der sie für ihn löst. Der Volksmund sagt: der es für ihn richtet. Wie bringt man als Eltern seinem Kind Unselbstständigkeit bei? Indem man ihm – und jetzt kommen die Grundbedürfnisse ins Spiel – nicht ausreichend Freiraum gibt, seine Probleme allein anzupacken. Indem man es nicht hin und wieder dazu auffordert, etwas Neues auszuprobieren, auch mal etwas zu riskieren. Indem man es gut mit ihm meint und es permanent so umsorgt, dass es nichts Innovatives selbst leisten muss und kann. Indem man ihm zu wenig zutraut und sofort bremst, sobald es gefährlich wird: «Lass das, dafür bist du noch zu klein!»

Wer es zu gut mit seinem Kind meint, erzieht es zur Unselbstständigkeit.

Wenn wir unsere Kinder überbehüten, ist das zwar gut gemeint. Es führt aber dazu, dass sie sich als Erwachsene auch zu wenig zutrauen und bei jedem Problem, das ihre derzeitigen Fähigkeiten überschreitet, nach dem Papa suchen, ersatzweise nach «denen da oben», dem Staat, den Verbänden, den Versicherungen … Solche Erwachsenen scheuen stark die Herausforderungen des täglichen Lebens: Sie haben nie gelernt, angemessen damit umzugehen. Denn dafür fehlte ihnen der zum Lernen nötige Freiraum. Wer keine Fehler machen darf, lernt auch nichts.

Wer als Kind zu wenig Freiraum genoss, glaubt tatsächlich, dass die angemessene Reaktion auf ein kaputtes Radio der Ruf nach dem Management ist. Dass dies offensichtlich unsinnig ist, bemerkt er nicht, weil er es eben so gelernt hat. Und wir alle wissen, für wie selbstverständlich wir Dinge nehmen, welche wir gelernt haben. Wer überbehütet wird, kann seine Kräfte nicht messen, seine Grenzen nicht erfahren.

Wer selbstständig denken und handeln lernen soll, muss Fehler machen dürfen – und zwar viele Fehler.

Wie viele Fehler? So viele, wie er braucht, um selbstständig zu werden. Das sagt im Übrigen schon die Volksweisheit: Wenn die Kinder klein sind, gib ihnen Wurzeln, wenn sie groß sind, gib ihnen Flügel.

Die drei Grundbedürfnisse

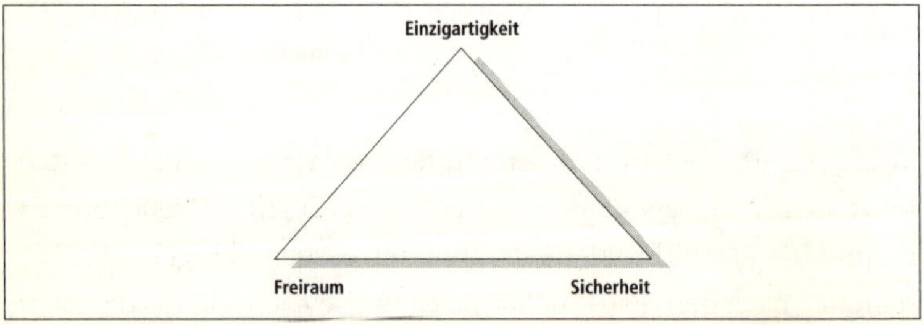

Abb. 03 Grundbedürfnisse

Sicherheit

Ein Kind (und ein Erwachsener) braucht Sicherheit. Es braucht das Gefühl, dass immer dann jemand für es da ist, wenn es jemanden braucht. Es muss nicht immer jemand da sein, aber es muss immer jemand erreichbar sein, wenn es diese Sicherheit gerade nötig hat. Doch Sicherheit bedeutet mehr. Sicherheit bedeutet auch,

- Orientierung geben;
- Konsequenz vorleben, also nicht heute so und morgen so sagen oder: Papa sagt Ja, Mama Nein;
- sich an gemeinsam aufgestellte Regeln halten.

Sicherheit bedeutet für ein Kind: Wenn und wo ich es benötige, bekomme ich Unterstützung, Orientierung und Halt. Muss man als Eltern deshalb ständig bei seinem Kind sein? Nein, das erwartet auch ein Kind nicht. Man kann ein Kind auch mal allein lassen. Dann muss man sich lediglich so verhalten, dass es weiß, dass sein Sicherheitsdefizit später zuverlässig ausgeglichen wird und dass die Eltern es nicht im Stich lassen *wollen*, sondern eigentlich bei ihm sein *wollen*.

Tatsächlich ist mangelnde Sicherheit von allen möglichen Verletzungen der Grundbedürfnisse jene mit den schwersten Folgen. Wer seinem Kind aus zeitlichen, beruflichen oder persönlichen Gründen nicht genug Aufmerksamkeit widmen konnte, um ihm die Sicherheit zu geben, die es erwartete, konnte es zum Beispiel auch manchmal in Situationen nicht nach außen verteidigen, vertreten, sich vor es stellen, wenn es unter Beschuss geriet. Wir alle kennen dieses Gefühl: Wir werden vom Lehrer, von anderen Kindern, deren Eltern verbal angegriffen, fühlen uns überfordert und erwarten, dass «der Alte uns rauspaukt». Und wo steckt er, wenn man ihn mal braucht? Er lässt uns im Stich. Er stellt sich auch nicht nach dem unangenehmen Vorfall hinter uns, fängt uns nicht auf. Er vermittelt uns nicht das Gefühl, dass er uns Sicherheit geben wollte, es aber leider nicht konnte. Das empfindet ein Kind als Verrat.

Diesen Verrat kann ein Erwachsener möglicherweise wegstecken. Im Kind jedoch bewirkt er einen unerträglichen Schmerz, Wut und Angst – und mit hoher Wahrscheinlichkeit im späteren Leben jene unersättliche Sucht nach Zuwendung, jenes ständige latente Verlassenheitsgefühl und die Angst vor dem Alleinsein mit sich selbst, welche wir überall um uns herum beobachten können.

Sicherheit bedeutet auch Orientierung. Orientierungsmangel in der Herkunftsfamilie führt bei Erwachsenen häufig zu Konzept- und Richtungslosigkeit: Man weiß eben nicht so richtig, was man will. Sicherheit bedeutet darüber hinaus: Grenzen setzen und einhalten. Kinder brauchen Grenzen. Setzen Eltern keine angemessenen, wohlwollenden und mit dosierter Stärke und gesunder Autorität geschützte Grenzen, lernen Kinder nicht, sich mit den Beschränkungen im realen Leben konstruktiv auseinander zu setzen.

Die Konsequenzen davon bekommen bereits die Erzieherinnen im Kindergarten zu spüren, die sich in den letzten Jahren massiv über den nicht mehr zu bändigenden Jähzorn von Vierjährigen beklagen. Die Gewalt an den Schulen wird immer erschreckender. Gefühle werden unkontrolliert ausgelebt – weil die Eltern nicht die Grenzen setzten, die für diese Kontrolle notwendig sind. Daher auch die exponentiell zunehmende Gewalt in unserer Gesellschaft. Sie liegt nicht daran, wie die Politiker vermuten, dass wir zu wenig Kontrolle und zu lasche Gesetze haben. Sie liegt daran, dass wir versäumt haben, unseren Kindern vernünftige Grenzen zu setzen.

Wer als Kind keine Grenzen respektieren lernt, respektiert sie als Erwachsener kaum und kann sich auch selbst keine gesunden Grenzen setzen.

Verblüffend ist, wie leicht sich dieser Missstand oft korrigieren lässt. Ein Jugendleiter «erbt» eine Gruppe Jugendlicher, die an der Schwelle zur Kriminalität stehen. Überall sind sie wegen ihres Ungehorsams, ihrem Vandalismus bereits verstoßen worden: aus Elternhaus, Schule, Vereinen. Auch im Jugendzentrum drohen sie, alles kurz und klein zu machen. Doch anstatt sich wie andere überforderte Pädagogen über den Mangel an Disziplin zu beklagen, vereinbart der Jugendleiter in mühsamen Gesprächen mit den Jugendlichen gemeinsam «Regeln». Am Anfang hält sich keiner daran. Doch als die Jugendlichen merken, dass der Leiter sich selbst an die Regeln hält, die Einhaltung vorwurfsfrei, aber unermüdlich einfordert und die Verstöße konsequent, aber immer mit Respekt vor der Persönlichkeit ahndet, beginnen sie zu lernen: eben das, was sie als Kinder und Schüler nirgendwo beigebracht bekamen.

In Elternhaus und Schule wurde immer nur über ihren Ungehorsam geschimpft. Wie man mit Regeln umgeht, hat ihnen keiner gezeigt. Heute stellen sie ihre Regeln selber auf und überwachen deren Einhaltung. Das macht ihnen sogar Spaß: Logisch, Regeln geben Sicherheit. Leider hatte ihnen vorher niemand gezeigt, wie man zu diesem Spaß kommt.

Einzigartigkeit

Einem Kind seine Einzigartigkeit zu vermitteln, bedeutet nichts anderes, als seinen Willen zu respektieren. Diesen Respekt gibt es in der westlichen Zivilisation – im Gegensatz zu anderen Zivilisationen – so gut wie nicht. Das sehen wir schon an der periodischen Kleiderdiskussion:

«Und jetzt ziehen wir die hübsche Jacke an.»

«Will nicht, will Schmusepulli.»

«Aber dafür ist es doch zu warm draußen. Komm, sei vernünftig.»

Vielleicht ist die Jacke wirklich vernünftiger. Aber das Kind lernt dabei: Was ich will, ist nicht wichtig. Und das hat schlimmere Folgen als eine Stunde in einem zu warmen Pullover. Es führt zu Kompensationsstrategien (siehe Schaubild), unter denen wir oft ein ganzes Leben lang leiden – anstatt das verletzte Grundbedürfnis zu befriedigen.

Warum respektieren Eltern nicht den Willen eines Kindes? Warum bestreiten wir sogar oft, dass ein Kind einen eigenen Willen hat? «So etwas weiß doch so ein kleines Kind noch nicht!» Man behandelt andere, wie man sich selbst behandelt. Wer seine eigenen Bedürfnisse nicht respektiert, respektiert auch nicht die Bedürfnisse seiner Kinder.

Kompensation von Minderwertigkeit

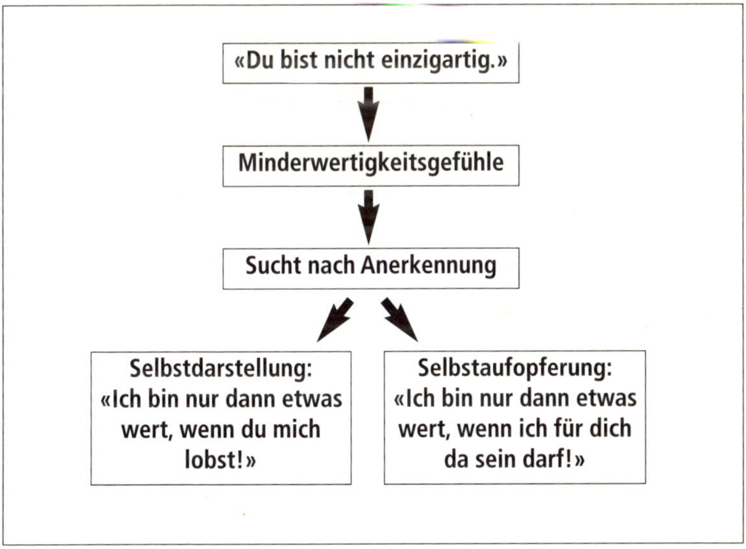

Abb. 04 Minderwertigkeit

Kinder, die ihre Einzigartigkeit nicht erfahren durften, leiden massiv unter Minderwertigkeitsproblemen. Die anderen sind einfach immer besser, klüger und schöner. Aus diesem Defizit können zwei Kompensationsstrategien entstehen: Selbstdarstellung und Selbstlosigkeit. Wir kennen die Selbstdarsteller. Menschen, die sich in den Vordergrund spielen, den Beifall des Publikums suchen, einfach immer der Beste, Schönste und Klügste sein wollen. Warum? Um jene Anerkennung, die sie so schmerzlich in der Kindheit vermissten, doch noch zu bekommen. Dass dieser Versuch zum Scheitern verurteilt ist, haben wir gesehen (in Kapitel 4, Seite 52ff.). Anerkennung von außen macht nicht satt. Niemand kann einem das geben, was man sich selbst verweigert – selbst wenn man zum Vorstandsvorsitzenden aufsteigt.

Die andere Kompensationsmöglichkeit für mangelnd erfahrene Einzigartigkeit beobachten wir vor allem in den helfenden Berufen: Wer anderen hilft, darf sich wichtig fühlen. Wer sich für andere aufopfert, spekuliert auf die Anerkennung der anderen – und ist regelmäßig sauer, wenn er diese nicht bekommt, beziehungsweise wenn er merkt, dass noch so viel Hilfe für andere einem selbst nicht helfen kann. Was kann dann helfen? Die Frage nach dem verletzten Grundbedürfnis: Was fehlt mir denn wirklich? Die Erfahrung meiner Einzigartigkeit. Wie kann ich diese Erfahrung machen? Sicher nicht, indem ich mich anderen andiene. Aber vielleicht, indem ich mich meiner eigenen Stärken versichere? Indem ich mich selbst anerkenne? Was verschafft Ihnen das Gefühl Ihrer Einzigartigkeit?

Drei Grundbedürfnisse, sieben Kernüberzeugungen

Wir können sämtliche negativen Kernüberzeugungen auf eine Verletzung der drei Grundbedürfnisse *Sicherheit, Freiraum* und *Einzigartigkeit* zurückführen. Das vereinfacht die ganze Problematik entscheidend. Treffen Sie doch einmal diese Zuordnung von sieben Überzeugungen auf drei Grundbedürfnisse. Wenn ein Mensch

1. unter Druck gleich aufgibt und nach einem Retter sucht;
2. in seinen Beziehungen ständig das Verlassenwerden fürchtet;
3. in jeder kleinen Bedrohung gleich die Katastrophe sieht;
4. seine eigenen Bedürfnisse nicht ernst nimmt;

5. sich selbst nicht ernst nimmt;
6. alles und jeden misstrauisch beäugt;
7. ständig von Selbstzweifeln geplagt wird;

welche Voraussetzungen fehlten ihm dann in seiner Kindheit? Ordnen Sie diese sieben Kernüberzeugungen den drei Grundbedürfnissen zu.

Dabei ist nicht so wichtig, dass Sie alle Treffer landen. Sie verstehen die Mechanismen hinter unseren Kernüberzeugungen schon allein dadurch besser, dass Sie sich mit der Zuordnung beschäftigen – egal wie erfolgreich. Die Zuordnung ist relativ symmetrisch:

Freiraum: 1
Sicherheit: 2, 3, 6
Einzigartigkeit: 4, 5, 7

Die Zusammenhänge zwischen Grundbedürfnissen und Kernüberzeugungen sind deutlich:

- Wem nie ausreichend Freiraum zur Entwicklung seiner Kreativität und Problemlösungskompetenz gegeben wurde, der fühlt sich im späteren Leben oft hilflos, ist relativ unselbstständig und hat große Probleme, seine Kreativität und Innovationskraft wieder zu entdecken.
- Wem es an Sicherheit fehlte, der neigt im späteren Leben zur Übersicherung, sammelt Versicherungen wie andere Leute Bierdeckel, verbarrikadiert sich hinter seinem Besitz und liegt ständig auf der Lauer vor dem Verlassenwerden, vor dem nicht Einhalten von Zusagen von anderen, misstraut alles und jedem.
- Wem die eigene Einzigartigkeit nicht vermittelt wurde, leidet

später mit hoher Wahrscheinlichkeit an der Sucht nach Anerkennung, nimmt sich und seine eigenen Bedürfnisse nicht so wichtig und hat keine besonders hohe Meinung von sich selbst.

Wir brauchen, vereinfacht gesprochen, im Leben also nur drei Dinge. Sicherheit, Freiraum, Einzigartigkeit. Und wenn wir sie als Kind nicht ausreichend bekommen haben, dann sollten wir nicht noch eine Versicherung abschließen, cholerisch auf jede kleine Kritik reagieren oder immer alles andere wichtiger nehmen als unsere eigenen Bedürfnisse – sondern ganz einfach den entsprechenden Mangel beim entsprechenden Grundbedürfnis erkennen und abstellen. Das hört sich einfach an – und ist es auch. Tun wir es denn? Nein. Denn es gibt etwas noch viel Einfacheres, was wir vorziehen: Wir weichen der Befriedigung unserer Grundbedürfnisse aus. Fünf dieser Ausweichmanöver betrachten wir im folgenden Kapitel.

«Nimm dein Schicksal ganz als deines.
Hinter Sorge, Gram und Grauen
wirst du dann ein ungemeines
Glück entdecken: Selbstvertrauen.»
Richard Dehmel

9. Der Verlust des eigenen Lebens

Fünf Ausweichmanöver

Die alten Geschichten verfolgen uns. Wir leiden unter einem dominanten Vater – und haben deshalb vielleicht ein ganzes Leben lang Ärger mit unseren Vorgesetzten, weil wir selbst hinter der unschuldigsten Anregung bereits einen bösen Übergriff vermuten. Solche Attacken alter Programme – die Amerikaner nennen es bezeichnend «Blast from the Past» – sind schlimm genug. Doch es kommt noch schlimmer.

Die alten Geschichten haben unser Leben stärker im Griff, als wir ahnen, und zwar paradoxerweise nicht nur dann, wenn sie über uns hereinbrechen, sondern noch viel mehr dann, wenn sie nicht über uns hereinbrechen:

> Wir leiden unter den alten Geschichten, wenn sie uns quälen.
> Und wir leiden unter ihnen, wenn wir ihnen ausweichen.

Gerade weil die alten Programme so unangenehm sind, haben wir nämlich ganz unbewusst Ausweichmanöver entwickelt, um den schmerzhaften Erfahrungen ausweichen zu können. Leider gilt jedoch:

Jedes Ausweichmanöver verschlimmert die alten Wunden.

Wer Sport treibt, kennt dieses Ausweichphänomen vielleicht: Man schlägt sich das Knie an. Deshalb schmerzt es immer dann höllisch, wenn man schwungvoll auftritt. Also verlagern wir ganz unbewusst unser Körpergewicht auf das gesunde Bein, mit der Folge, dass uns bald auf der gesunden Seite nicht nur das Knie, sondern auch die Hüfte und das Kreuz wehtun – und zwar ständig. Das «kaputte» Knie hat uns nur *zeitweilig* gequält, wenn wir hart auftraten. Doch die Ausweichbeschwerden quälen uns nun *ständig*.

Ausweichen ist keine Problemlösung, sondern eine Problemverschlimmerung.

Wer seinen alten Wunden ständig ausweicht, führt bald kein eigenes Leben mehr. Er reiht nur noch ein Ausweichmanöver an das andere. Auch deshalb fühlen wir uns in unserem Leben manchmal so fremdbestimmt: Wir sind es. Wir folgen nicht unserem eigenen Willen. Wir tun nicht das, was wir wollen oder brauchen. Wir weichen nur noch aus. Und mit jedem Ausweichen wird die Sache schlimmer. Betrachten wir fünf der häufigsten Ausweichmanöver:

- überkompensieren
- auf der Lauer liegen
- vermeiden
- nach Prothesen suchen
- die Wunde zur Schau stellen

Überkompensieren

Wenn sich heute während des Tages eines unserer alten Programme überraschend einschaltet, fühlen wir uns bestimmt nicht gut dabei. Denn sobald sich eine negative Kernüberzeugung aktiviert, halten wir uns ganz unbewusst für unwichtig, hilflos, unsicher oder ungeliebt. Das ist nicht angenehm. Was tun wir deshalb? Wir versuchen, dagegenzusteuern. Wer von einem Anfall von Unwichtigkeit gepackt wird, sorgt zum Beispiel dafür, dass er von anderen für wichtig gehalten wird. Zum Beispiel, indem er/sie sich in den Vordergrund spielt. Was wir uns von diesem Ausgleich, dieser Kompensation der alten Wunde, erhoffen, ist: Die anderen nehmen uns wichtig, damit wir uns selbst wichtig nehmen können, damit wir den Schmerz der alten Wunde nicht spüren müssen. Was wir bekommen, ist etwas anderes: «Spiel dich nicht so auf!» Warum diese Reaktion? Weil wir überkompensiert haben. Wir haben es übertrieben. So sehr, dass die anderen negativ reagieren.

Überkompensation:
Wir kriegen das Gegenteil von dem, was wir erhoffen.

Wer sich produziert, erfährt exakt jene Zurückweisung, die er vermeiden wollte. Warum überkompensieren wir dann überhaupt? Weil die alte Wunde so wehtut, dass wir unter Aufbietung aller Kräfte vermeiden wollen, dass wir sie wieder spüren – und die Aufbietung aller Kräfte ist für unsere Umwelt einfach zu viel: Sie muss negativ reagieren. Wir fürchten uns so sehr vor Zurückweisung, dass wir furchtbar wichtig tun, weshalb wir unweigerlich zurückgewiesen werden.

Je heftiger die negative Kernüberzeugung ist, desto schlimmer überreagieren wir. Wer zum Beispiel davon überzeugt ist: «Auf mich hört eh keiner!», wird sich jede Äußerung doppelt und dreimal überlegen, bevor er etwas Unüberlegtes sagt. Was passiert? Tatsächlich hört wieder niemand auf ihn, weil das lange Nachdenken eben zu lange dauerte und sich niemand mehr für seine verspätete Meinung interessiert.

Überkompensation verursacht, was sie vermeiden wollte.

An welche Kernüberzeugungen denken Sie gerade?

Welche Überkompensation fällt Ihnen dazu spontan ein?

Überkompensationen tun uns nachher furchtbar Leid: Wir wissen, dass wir überreagiert haben – aber nicht warum. Eine der häufigsten Überkompensationen ist das Rechthabenwollen in Gesprächen: Es geht nicht mehr um die Sache; es geht darum, dass ich Recht behalte, damit ich mich gut fühle. Leider macht Rechthaben unbeliebt, weshalb ich mich dann schlecht fühle. Ähnlich erfolglose Überkompensationen sind

- das ewige Suchen nach Fehlern, um sich wichtig zu machen – man macht sich unbeliebt damit;

- das Beharren auf dem eigenen Standpunkt;
- das Herumreiten auf Bagatellen;
- aus Mücken Elefanten machen;
- andere schlecht machen, um selber besser dazustehen;
- der cholerische Ausbruch.

Oft reicht es schon, wenn Sie sich die Überreaktion bewusst machen, um sie abzustellen und dadurch das zu bekommen, was Sie sich wünschen. Wir alle haben ein feines Gespür dafür, wenn wir «übers Ziel hinausschießen». Meist merken wir das hinterher. Schärfen Sie Ihr Gespür so, dass Sie es bereits während des Überkompensierens bemerken, und fragen Sie sich:

- Was tue ich gerade? Ich übertreibe wieder mal.
- Was möchte ich damit erreichen?
- Kann ich es mir nicht anders geben?

Meist kann man das. Rechthaber können sich zum Beispiel selber anerkennen. Das reicht meist schon aus, um die Rechthaberei zu stoppen. Reicht es nicht aus, gehen wir tiefer (siehe auch Kapitel 12, Seite 140).

Auf der Lauer liegen

Unsere alten Geschichten kommen nicht nur hin und wieder hoch und stellen uns ein Bein. Nein, oft schweben sie ständig wie eine dunkle Wolke über unserem Leben und vergiften alles, was wir erleben. Wie wir gesehen haben, generalisieren sich die alten Lernerfahrungen. Je nachdem, was wir gelernt haben, halten wir uns also generell für hilflos, verlassen, bedroht, nicht wichtig oder nicht gut genug. Selbst wenn wir morgens im Bett aufwachen und noch nichts passiert ist, was uns in unseren negativen Kernüberzeugungen bestätigen könnte, warten wir bereits unbewusst und automatisch darauf, dass es uns auch dieser Tag wieder beweisen wird, dass wir hilflos, verlassen und allein sind.

Wir warten unbewusst darauf, dass uns das Leben unsere negativen Kernüberzeugungen beweist.

Sie werden das nie als bewussten Gedanken erleben, mehr als diffuses Gefühl der Marke: «Was wird denn heute alles wieder schief laufen? Was kriege ich heute wieder nicht gestemmt?» Ganz unbewusst warten wir förmlich darauf, dass wieder so eine dumme Geschichte passiert, welche unsere Kernüberzeugung bestätigt. Wir liegen sozusagen unbewusst auf der Lauer. Diese Lauerstellung wird belohnt. Dafür sorgt die selektive Wahrnehmung. Wir alle kennen dieses Phänomen: Wer Hunger hat, sieht überall Pommesbuden, Gasthäuser oder Ähnliches.

Selbst dort, wo er bislang keine gesehen hat. Denn der Hunger schärft selektiv die Wahrnehmung. Diese selektive Wahrnehmung führt auch dazu, dass wir nur noch das bewusst wahrnehmen, was wir befürchten. Wenn wir zum Beispiel überzeugt sind, dass wir immer nur die schlimmen Kunden erwischen, besuchen wir an diesem Tag vielleicht neun gute und einen wirklich schlimmen Kunden. Am Abend jedoch erinnern wir uns nur noch an den schlimmen Kunden. Das ist der seltsame mathematische Fall, bei dem eins größer als neun ist. Deshalb sagen wir zu Hause auch zum Partner: «Du, stell dir vor, was mir heute passiert ist …»

Wer also ganz unbewusst der Überzeugung ist, dass er/sie nicht erfahren genug für eine Beförderung, nicht liebenswert genug für einen liebenswerten Partner, in technischen Dingen unbeschlagen oder einfach zu alt für einen neuen Job ist – dem passieren seltsamerweise lauter Dinge, die ihn genau in dieser Überzeugung bestätigen. Nicht weil diese tatsächlich ausschließlich passieren, sondern weil wir nur sie wahrnehmen.

Unsere Überzeugung steuert unsere Wahrnehmung.
Und unsere Wahrnehmung steuert unser Verhalten.

Unsere Wahrnehmung lässt nur noch jene Erlebnisse durch, welche unsere Überzeugung bestätigen. Den Rest blenden wir einfach aus. Beobachten Sie sich selbst: Was nehmen Sie in bestimmten Situationen gezielt nicht mehr wahr? Wo ist eine Stunde Regen gravierender als neun Stunden Sonnenschein? Und sollte es nicht anders herum sein?

Häufig reicht es schon, sich diese Wahrnehmungsverzerrung bewusst zu machen, um die alte Überzeugung durch eine neue zu ersetzen (siehe auch Kapitel 12, Seite 140). Hören Sie dabei auch auf Ihr Umfeld. Denn oft sagt zum Beispiel der Partner: «Und? War dieser Nörgler heute dein einziger Kunde? Hattest du nicht auch andere?» Das hören wir meist nicht gerne (weil es unsere Überzeugung in Frage stellt) – aber das ist ein guter Hinweis auf das, was wir ausblenden. Glücklich, wer auf solche Hinweise hören kann.

Vermeiden

Wer sich selbst für hilflos, unsicher, unwichtig oder nicht liebenswert hält, vermeidet oft ganz unbewusst Situationen, in denen er diese Erfahrung erneut machen könnte. Wer sich also für in finanziellen Dingen wenig beschlagen hält, wird die Regelung seiner privaten Altersvorsorge so lange auf die lange Bank schieben, bis es zu spät ist. Wer sich für nicht so toll hält, spricht die tolle Frau, den tollen Mann an der Bar gleich gar nicht an. Denn er oder sie könnte das eigene Vorurteil ja bestätigen. Wir alle kennen solche Situationen und die sagenhaften Ausreden, die wir dafür erfinden: «So toll sieht er gar nicht aus. Bestimmt ist er auch schon verheiratet.» Wen wollen Sie damit überzeugen? Das ist erstens keine gute Ausrede und wirft zweitens ein Problem auf:

Was man vermeidet, kann man nicht lernen.

Das macht nichts, wenn ich zum Beispiel nicht lernen muss, wie man tolle Typen anspricht. Ich muss dagegen unbedingt lernen, wie man die eigene Altersvorsorge regelt, ich mit dem Chef klarkomme oder auch nörgelnde Kunden gut berate. Wer prekäre Situationen generell vermeidet, kann genau diesen Unterschied nicht mehr machen. Er kann nicht mehr unterscheiden zwischen Situationen, die er vermeiden kann, und Situationen, aus denen er lernen muss. Es gibt Dinge, die können Sie ein ganzes Leben lang vermeiden, ohne großen Schaden zu nehmen. Bei anderen wiederum kommt das Vermeiden teuer zu stehen. Und das Vermeiden wird dabei immer teurer, je länger man es macht:

Je länger Sie vermeiden, desto mehr müssen Sie vermeiden.

Wer vermeidet, tut das mit dem Hintergedanken: «Dann muss ich mich dieser Situation nicht mehr stellen!» Aber das ist ein Irrtum. Das beweist jeder Angestellte, der sich selbstständig macht, weil er mit «diesen inkompetenten Managern» nicht klarkommt – nur um danach genau gleich unter «diesen blöden Kunden» zu leiden. Das, was man in der einen Situation vermeiden wollte, findet man nun plötzlich in einer anderen Situation wieder. Und je mehr prekäre Situationen man vermeidet, desto mehr Situationen, die prekär sind, kommen auf einen zu. Denn es liegt ja nicht an den Situationen, sondern an der Kernüberzeugung. Wer eine negative Kernüberzeugung hat, der findet immer Situationen, vor denen er sich fürchtet. Und je mehr dieser Situationen er meidet, desto kleiner und ärmer wird sein Leben: ein selbst gebautes Gefängnis sozusagen.

Vermeidung ist keine Lösung, sondern ein Problem.

Vermeiden Sie nicht Situationen, vor denen Sie sich fürchten. Gehen Sie auch nicht blind in die Situation hinein, wie manche Mickymaus-Psychologen raten: «Man muss sich der Angst stellen!» Das ist Käse. Beseitigen Sie lieber die alte Wunde, deren Schmerz Sie die Situation fürchten lässt – dann können Sie nämlich ganz befreit und locker in die Situation gehen.

Nach Prothesen suchen

Wir vermeiden Angst machende Situationen nicht nur. Wenn sich die Situation absolut nicht vermeiden lässt, möchten wir uns wenigstens gegen den Schmerz der alten Wunde wappnen: Wir besorgen uns eine Prothese, eine Gehhilfe, eine Krücke.

Wer zum Beispiel gelernt hat, immer das Schlimmste zu befürchten, kommt in eine Arbeitssitzung oft hundertfünfzigprozentig vorbereitet – um ja auf alles gefasst zu sein. Solche Mitarbeiter kommen manchmal mit einer kompletten Konzeption an – welche eigentlich das Ergebnis der Sitzung hätte sein sollen. Natürlich haben wir, wenn wir immer mit dem Schlimmsten rechnen, auch mindestens ein Dutzend Versicherungen, ein Vermögen wie Dagobert Duck und gehen nur mit Checkliste in die Urlaubsvorbereitung. Welche Prothesen benutzen Sie?

Wer mit dem Schlimmsten rechnet, übersichert.

Das ist doch gut, oder? Auf Nummer sicher zu gehen ist schließlich keine Schande. Nein, aber ein großer Schaden. Denn sobald wirklich etwas Unvorhergesehenes passiert, lähmt mich meine Prothese. Sobald die Arbeitssitzung in eine andere Richtung läuft, als ich sie vorbereitet habe, komme ich total ins Schwimmen. Ich müsste lediglich meinen gesunden Menschenverstand einschalten und etwas flexibel mitdenken. Aber das kann ich nicht, weil ich mich voll auf meine Prothese verlassen habe – doch die verlässt mich in diesem Augenblick, weil sie auf diese Wendung der Geschehnisse nicht vorbereitet ist.

Eine Prothese erreicht das Gegenteil von dem, was sie erreichen sollte: Sie mindert Unsicherheit nicht. Sie vergrößert sie.

Mit Prothese lernen wir nie, wie man mit Unsicherheit umgeht. Bezeichnenderweise lernt nur der auf eigenen Füßen zu gehen, der auf eigenen Füßen geht. Wer ständig – trotz gesunder Beine – an der Krücke geht, verlernt das Gehen. Natürlich ist es anfänglich schmerzhaft, ohne Krücke, ohne hundertfünfzigprozentige Absicherung in eine unsichere Situation zu gehen. Wir fühlen uns unsicher, angreifbar, verletzbar. Doch es ist weitaus schmerzhafter, von der Krücke zu fallen, zu merken, dass einen die tolle Absicherung im Stich lässt, sogar selber sabotiert: Das tut viel mehr weh. Außerdem tut es *regelmäßig* weh, denn wir fallen regelmäßig von den Krücken. Der Schmerz, sich ohne totale Übersicherung einer Situation zu stellen, wird dagegen von Mal zu Mal kleiner: Weil wir lernen, mit Unsicherheit angemessen, das heißt ohne neurotische Übersicherung, umzugehen.

Zur Schau stellen

Sicher sind Ihnen schon Zeitgenossen auf die Nerven gegangen, denen Sie zu helfen versuchten, und die sagten: «Das ist sinnlos – ich bin eben kein Mathe-Genie!», obwohl einen Dreisatz nun wirklich jedes Kind verstehen kann.

«Ich habe eben kein technisches Talent» – seit wann braucht man für das Verstöpseln einer Hi-Fi-Anlage technisches Talent?

«Das ist zu schwer – Frauen haben nun mal schwächere Muskeln», zu schwache Muskeln für einen einzigen Liegestütz?

Warum behaupten Menschen etwas, was offensichtlich einfach nur dumm ist? Weil das zur-Schau-Stellen einer Unfähigkeit davor schützt, diese Unfähigkeit zu beseitigen.

Wer jammert, muss nicht ändern.

Außerdem kriegt, wer jammert, auch Mitleid, Aufmerksamkeit und Zuwendung. Deshalb bleiben viele ihr Leben lang Technik- oder Rechenmuffel, halten sich in entscheidenden Fragen für inkompetent (hilflos) und klagen darüber, wie sie als Minderheitengruppe benachteiligt werden.

Mitleid nützt – doch das ständige Aufreißen der alten Wunde schadet mehr.

Wer seine alte Wunde zur Schau stellt, reißt sie ständig wieder auf, anstatt sie endlich ausheilen zu lassen – doch das ist eine persönliche Wahlentscheidung. Was möchten Sie? Aufmerksamkeit durch zur Schau stellen oder die alte Überzeugung durch eine neue ersetzen?

*«Im Leben verdankt man viel Glück und Unglück nur dem Zufall;
aber der innere Friede hängt nie vom Zufall ab.»*
Maurice Maeterlinck

10. Wie konnten meine Eltern mir das antun?

Stehen Sie zu Ihrem Groll

Möglicherweise haben Sie im Laufe Ihrer Lektüre einen gewissen Groll gegenüber Ihren Eltern entwickelt. Wie ein Seminarteilnehmer es einmal formulierte: «Wie konnten sie mir das antun? Die haben so ziemlich alles falsch gemacht, was falsch zu machen war.» Das ist nicht neu für Sie? Das Gefühl hatten Sie schon früher? Wie fühlt es sich denn an? Die meisten Menschen berichten von einer Ambivalenz: Einerseits sind sie sauer auf die Eltern. Andererseits haben sie deshalb ein schlechtes Gewissen.

Schließlich kann man den eigenen Eltern doch nicht böse sein, oder? Kann man, muss man sogar. Denn wenn Sie eines im Laufe dieses Buches gelernt haben, dann dies: Seine eigenen Bedürfnisse muss man – selbst oder gerade dann, wenn die Eltern es nicht taten – ernst nehmen. Wenn Sie also sauer sein möchten: Tun Sie's! Und packen Sie eine andere Kernüberzeugung auch noch drauf: Stehen Sie zu Ihrem Zorn! Das sind Sie sich selbst schuldig – und es schadet den Eltern nicht. Denn:

Erst, wenn Sie den Zorn zulassen, können Sie mit ihm umgehen.

Solange Sie ihn verdrängen, schadet es den Eltern – denn verdrängter Zorn kommuniziert sich immer nonverbal.

Spüren Sie Ihren Zorn

Haben Sie's bemerkt? Wir sind schon mitten dabei, Ihre alten Geschichten zur Ruhe zu betten, Sie mit neuen, positiven Kernüberzeugungen auszustatten. Natürlich, im Laufe des Buches haben Sie sich bereits viele der alten Programme, die bislang unbewusst abliefen, bewusst gemacht und durchschaut und allein schon durch dieses neue, tiefere Verständnis etliche alte Programme abschalten oder abmildern können. Sollten noch einige alte Geschichten übrig sein, dann müssen wir jetzt den nächsten Schritt tun. Und dieser ist:

Hören Sie auf Ihren Zorn – er ist ein guter Wegweiser.

Groll, Frust und Zorn sind Hinweise auf etwas, das nicht stimmt. Deshalb ist es schädlich, sich seinen Zorn zu verbieten: So kriegt man nie mit, was nicht stimmt und wie man es ändern kann. Also:

Horchen Sie in sich hinein. Spüren Sie Ihren Zorn.

Wenn Sie an Ihre Kindheit und die missglückten Erziehungsversuche Ihrer Eltern denken: Was kommt bei Ihnen hoch? Das kann vieles sein von milder Missbilligung über Entrüstung, Vorwürfe und Enttäuschung bis zu Wut, Zorn, ja sogar Hass. Was fangen Sie damit an?

Lassen Sie alle Gefühle zu, auch und gerade die sehr negativen.

Lassen Sie selbst Vorwürfe an sich selbst zu: «Du darfst nicht zornig sein!» Lassen Sie alle Gefühle zu, aber:

Bleiben Sie nicht in den Gefühlen stecken.

Wenn Sie nämlich in negativen Gefühlen stecken bleiben, ändert sich nichts. Wer im Zorn stecken bleibt, macht sich zum Sklaven seines Zorns: Er kommt nicht davon los. Wer sich ärgert, ändert nichts.

Ärgern Sie sich – und gehen Sie mit diesem Ärger um.

Mit Ärger umgehen: Ausdrücken – wünschen

Wir alle wissen, wie es ist, wenn uns ein namenloser Ärger plagt. Das Problem ist nicht so sehr der Ärger, sondern dass wir nicht genau wissen, was uns eigentlich ärgert.

Geben Sie Ihrem Ärger Worte. Und teilen Sie diese mit. Ob Sie es Ihrem Tagebuch, einem Zerknüllzettel, einem guten Freund, Coach oder Telefononkel anvertrauen, ist dabei egal. Wählen Sie die «Klagemauer», die Ihnen entspricht, und erleben Sie, was wir im Grunde alle wissen: Wer seinen Ärger von sich gibt, den quält er nicht mehr. Es erleichtert, sich den Groll von der Seele zu schreiben oder zu reden. Wenn Sie möchten, geben Sie hier Ihrem Ärger Ausdruck. Ich bin weil meine Eltern

Zorn auf die Eltern loswerden

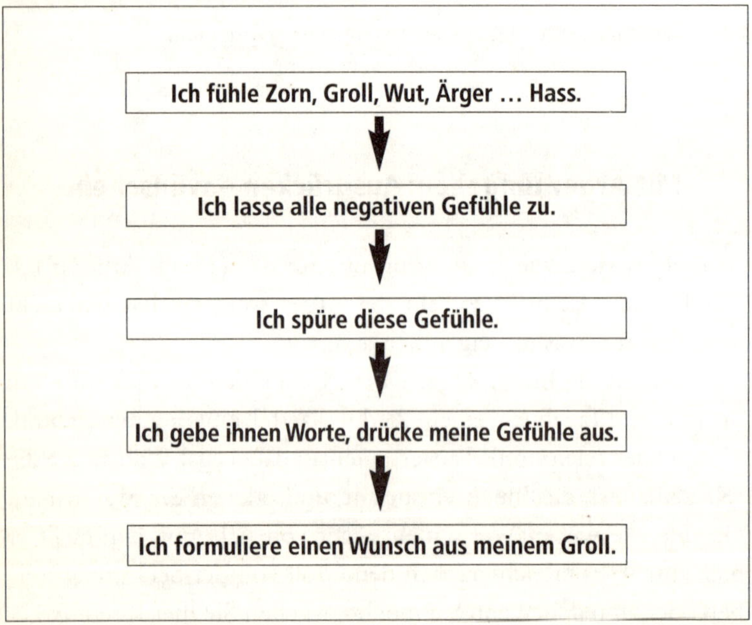

Abb. 05 Zorn

Wenn Sie etwas Erfahrung im Umgang mit sich selbst haben – heutzutage eine seltene Fähigkeit – dann wissen Sie sogar, was noch mehr erleichtert als die Artikulation Ihres alten Ärgers:

> Formen Sie aus Ihrem Zorn heraus einen Wunsch: Was hätte ich mir damals gewünscht?

Das müssen Sie wirklich einmal ausprobieren, um die erstaunliche Wirkung zu erfahren: Das erleichtert tatsächlich. Was mich eben noch quälte, lässt mich los, sobald ich es als Wunsch formuliere. Wir alle ahnen, dass das so ist. Aber warum ist es so? Es erleichtert so, weil aus Ärger, Wut und Zorn Trauer wird. Wir sind traurig, dass wir nicht bekamen, was wir uns wünschten: «Sie konnten es mir einfach nicht geben.» Wenn Sie möchten, formulieren Sie hier Ihren Wunsch: Ich hätte mir damals gewünscht, dass

----

Zorn bedeutet festhalten an dem, was uns zornig macht. Trauer bedeutet loslassen – und dieses Loslassen befreit. Das erklärt auch, weshalb es absolut notwendig ist, dass wir unseren Groll auf die Vergangenheit und die Eltern loslassen: Ohne das Loslassen hängen wir im Zorn fest. Und Zorn ist keine Lösung. Er verhindert sie.

> Ärger kommt immer wieder. Trauer ist irgendwann vorbei.

Vom Groll herunterkommen

Wenn Sie an etwas Bestimmtes gedacht haben, das Sie sich als Kind wünschten und nicht bekamen, werden Sie nach der Wunschformulierung Trauer gespürt haben. Ist damit Ihr Groll ganz besänftigt? Wenn nicht, sollten Sie sich vielleicht noch eine Frage stellen:

Können Sie sich vorstellen, dass Ihre Eltern Ihnen den Wunsch erfüllen wollten?

Die meisten Menschen spüren: Ja, sie hätten es mir geben wollen – wenn sie es hätten geben können. Denn im Wesentlichen haben wir unsere Eltern als durchaus fürsorglich und bemüht erlebt. Sollte noch ein Rest Groll übrig sein, können Sie weiter fragen:

Was hat sie davon abgehalten, mir das zu geben, was ich mir wünschte?

Wenn Sie möchten, notieren Sie hier die Umstände, mangelnden Fähigkeiten, Hindernisse – was auch immer: Meine Eltern hätten mir wahrscheinlich gegeben, was ich mir wünschte, wenn

----

Oft gewinnen wir dabei spontane Einsicht in die Widrigkeit der damaligen Umstände, welche es unseren Eltern fast unmöglich machten, mit ihren begrenzten Möglichkeiten und Fähigkeiten uns unseren Wunsch zu erfüllen. Es entsteht so etwas wie Verständnis. Sie können ein Problem erst lösen, wenn Sie es verstehen. Sie können Ihr Verständnis noch vergrößern, indem Sie sich fragen:

Was wäre passiert, wenn ich den Wunsch schon damals als Kind hätte äußern können?

Es ist kaum vorstellbar, dass die Eltern den Wunsch abgelehnt hätten. Sie hätten wahrscheinlich etwas verdutzt, vielleicht auch amüsiert, möglicherweise überrascht oder gar verständnislos geschaut – aber sie hätten ihn erfüllt. Vielleicht widerstrebend, vielleicht nicht gleich. Aber wie wir unsere Eltern kennen: Sie hätten ihn irgendwann schon auf ihre Weise erfüllt. Wahrscheinlich hätten sie sogar so etwas gesagt wie: «Ach so, das ist es, was du willst!»

Wenn der Groll weg ist

Ist der Groll weg, fühlen wir uns erleichtert. Erst dann merken wir oft, wie lange er uns schon belastet hat. Natürlich kommt immer noch ein wenig Zorn hoch, wenn uns wieder etwas Negatives aus der Vergangenheit einfällt. Doch so schlimm wie ehedem ist der Zorn nicht mehr. Denn wir wissen jetzt, wie wir mit ihm umgehen können.

Ist der Zorn beseitigt, brechen viele alte Programme wie von selbst in sich zusammen, weil wir unmittelbare Einsicht in ihr Zustandekommen und in die Ursache ihrer anhaltenden Existenz gewonnen haben: Der Zorn hält die alten Programme fest. Lassen wir ihn los, lassen viele alte Geschichten uns los. Wir finden Frieden in unserem Herzen, weil wir Frieden mit unserer Vergangenheit gefunden haben.

Und selbst wenn noch einige alte, hartnäckige Programme sich halten: Erst wenn der Groll beigelegt ist, können wir daran gehen, auch sie in positive Kernüberzeugungen zu verwandeln. Wenn Sie möchten, notieren Sie, was sich geändert hat, nachdem Sie Ihren Groll teilweise oder ganz losgeworden sind: Wie hat sich Ihr Gefühl verändert? Ich fühle jetzt

----

Was haben Sie dazugewonnen? Das können sein: Einsicht, Achtung, Respekt, Verständnis ... Was ist es bei Ihnen?

Nicht Groll, sondern Hilflosigkeit

Viele Menschen reagieren nicht mit Groll, wenn sie von der Entstehung ihrer negativen Kernüberzeugungen in der Vergangenheit hören oder lesen. Sie haben schon länger geahnt, dass irgendetwas in ihrer Kindheit schief lief. Und jetzt, da sie es genau wissen, fühlen sie sich einfach schlecht: «Ich wusste, dass einiges nicht stimmt – aber dass es so schlimm ist, wusste ich nicht.» Ein Gefühl von Niedergeschlagenheit, Hilflosigkeit macht sich breit. Warum?

Wer jemals mit seinem Auto zur Reparatur war, weiß warum. Wir ahnen zwar, dass etwas nicht stimmt. Doch sobald der Mechaniker die Motorhaube öffnet und aufzuzählen beginnt: vom defekten Zündverteiler über die kaputten Zündkerzen bis zur leckenden Benzinpumpe – da rutscht doch manchem das Herz in die Hose. Wird der Schaden in allen Einzelheiten klar, fühlt man sich schlicht vom Problem überwältigt. So ist es auch mit den alten Geschichten. Das ist eine normale Reaktion.

Manche spüren auch beides: Zorn und Hilflosigkeit. Sie sind zornig auf die Eltern und fühlen sich überfordert, denn: «Was kann ich denn jetzt noch ändern? Die Milch ist doch schon verschüttet!» Wie geht man mit solchen Gefühlen um? Sie wissen es inzwischen:

Negative Gefühle: zulassen – bewusst machen – bearbeiten

Hilflosigkeit hat dieselbe negative Folge wie Groll: Sie hält uns im Problem fest. Solange wir uns überfordert fühlen, tun wir nichts gegen das Problem – wir sind ja schließlich überfordert. Je genauer wir erfahren, welche Mechanismen zu unseren negativen Kernüberzeugungen führten, desto monströser, schicksalhafter, unabänderlicher wird das Problem: «Da kann man ja doch nichts machen …»

Dieses Gefühl kennen viele von uns. Jene, die sich am schnellsten von ihm lösen,

- verdrängen es nicht oder haben deshalb ein schlechtes Gewissen: «Du bist doch kein Kind mehr – tu endlich was!»;
- machen sich selbst keine Vorwürfe, sondern
- lassen das Gefühl zu und
- lassen sich von einem gesunden Zorn packen.

Wir kennen das Gefühl, wenn wir uns selbst «rausreißen». Es hat etwas mit gerechter Empörung zu tun: «Die Milch ist schon verschüttet – also mache ich einfach das Beste draus. Ich lass mich doch davon nicht unterkriegen! Das wäre ja noch schöner. Bis hierher hab ich's doch auch geschafft!» Das ist die richtige Einstellung, das gesunde Empfinden für das Recht auf die eigenen Wünsche, auf ein gutes Leben.

Etliche Teilnehmer aus unseren Seminaren haben darüber hinaus eine ganz tolle Einstellung gefunden. Sie schaffen es tatsächlich, aus einem Problem eine Tugend zu machen: «Wenn ich es mit solchen absolut negativen Kernüberzeugungen so weit im Leben gebracht habe, dann schaffe ich alles – auch die alten Programme wegzuwerfen. Meine Güte, werde ich danach glücklich und erfolgreich sein!» Solche Selbstmotivationstalente sind uns allen Vorbild.

«Verständnis heißt, sich für die Wahrheit des anderen zu öffnen.»
Romano Guardini

11. Versöhnung mit der Vergangenheit

Der Mangel quält und treibt uns

Wenn wir unsere alten Geschichten loswerden wollen, müssen wir zuerst einmal bewältigen, was uns an der Vergangenheit festhält: Groll und Hilflosigkeit. Nehmen wir an, dass Ihre Eltern oft Ihre Bedürfnisse nicht wahrgenommen haben, sondern einfach das vorgaben, «was gut für dich ist». Dann haben Sie möglicherweise auch heute noch Probleme damit, Ihre eigenen Bedürfnisse wahrzunehmen. Sie arbeiten länger, als gut für Sie ist, Sie bewegen sich zu wenig, Sie haben zu wenig Spaß am Leben. Darüber sind Sie natürlich zuerst einmal wütend. Wenn Sie

- diesen Groll besänftigen, kleben Sie nicht länger in der Wut fest;
- eine begleitende Hilflosigkeit überwinden, fühlen Sie sich nicht länger hilflos.

Diese beiden Schritte sind zuerst einmal notwendig. Denn ohne sie bleibt alles beim Alten. Wer wütend ist oder sich hilflos fühlt, ändert nichts. Wer seine Wut und seine Hilflosigkeit überwunden hat, macht dagegen eine wunderbare, anrührende und sehr emotionale Entdeckung:

Wir tun alle diese dummen Dinge nur, weil es einen schrecklichen Mangel in unserer Kindheit gab.

Wir überkompensieren (siehe Kapitel 9, Seite 113), vergraulen unsere Partner oder verziehen unsere Kinder, weil uns damals etwas ganz schrecklich fehlte. Und das tut heute noch weh. Selbst wenn wir nur daran denken. Die Vergangenheit verfolgt uns mit diesem Schmerz. Was können wir tun, um uns von ihr zu lösen? Etwas, was auch der Volksmund kennt: Wir müssen uns mit der Vergangenheit versöhnen. Wir spüren intuitiv, dass dies hilft. Aber wie macht man das?

Sehen, was noch da war

Manche von uns wissen intuitiv, wie sie sich mit etwas versöhnen können, das sie quält. Wenn Sie es nicht mehr wissen, macht nichts. Das kann man lernen. Es ist recht einfach. Sich versöhnen heißt einfach nur: alles sehen. Wir wissen zum Beispiel, dass wir anderen umso weniger böse sein können, je mehr wir über sie wissen:

Betrachten Sie das an Ihren Eltern, was auch noch da war.

Karls Vater zum Beispiel war und ist sehr dominant. Darunter litt und leidet Karl. Deshalb reagiert Karl heute auf jede noch so kleine Bedrohung seines Einflussbereiches gleich völlig überzogen mit der großen Keule. Als Karl seinen Blick zurück erweitert, sieht er, dass sein Vater nicht nur sehr dominant, sondern auch sehr fleißig, wortgewandt, um das Wohl seiner Familie besorgt war und ihn absolut verlässlich gegen Vorwürfe oder Angriffe von außen verteidigte. Was ärgert Sie an Ihren Eltern? Und was waren Ihre Eltern noch? Weiten Sie den Blick – und fühlen Sie, was passiert.

Karl sagt: «Natürlich hat er mir unter vier Augen oft die Leviten gelesen – doch solange Dritte anwesend waren, hat er sich bedingungslos und ohne jeden Vorwurf vor mich gestellt.» Als Karl das sagt, bekommt er einen Kloß im Hals. So hat er das noch nie gesehen. Dankbarkeit kommt zögernd in ihm hoch. Natürlich kann sie nicht die Dominanz seines Vaters ungeschehen machen. Doch wenn er sieht, welche Sicherheit sein Vater ihm gab, macht dies die Dominanz leichter.

Wir sehen, was früher alles noch da war, und unser Mangel wird leichter.

Je leichter der Mangel wird, desto weniger dominant muss Karl heute sein, desto weniger neigt er zur Überreaktion, wenn ihm jemand «dreinreden» will – denn es fehlt ihm ja weniger. Seine Versöhnung mit der Vergangenheit lässt ihn weniger überreagieren. Auch Sie werden bemerken, dass Sie nicht länger mehr so vehement die alte Wunde überkompensieren, vermeiden oder mit Krücken stützen müssen wie vorher, wenn Sie neben den empfundenen Mangel auch das Positive stellen, das auch noch da war.

Je stärker wir auf das starren, was uns in der Kindheit fehlte, desto stärker empfinden wir den Mangel und desto stärker überreagieren wir heute, um diesen Mangel auszugleichen: Die alte Geschichte hat uns im Griff. Anstatt unser ganzes Leben lang wütend auf das zu starren, was es in unserer Kindheit nicht gab, sollten wir auch das anerkennen, was es damals gab. Das bedeutete Versöhnung. Je vollständiger wir uns mit der Vergangenheit versöhnen, desto weniger schmerzen die alten Wunden, desto stärker lassen uns die alten Geschichten und unser heutiges Überreagieren los.

Wo es nichts zu holen gibt

Wenn Sie Ihren Blick in die Vergangenheit weiten, kann dabei herauskommen: Es war tatsächlich mehr da, als ich bislang bewusst wahrnahm. Dadurch schrumpft der Mangel. Wir versöhnen uns (etwas, mehr, vollständig) mit der Vergangenheit.

Es kann dabei aber auch herauskommen: Es war einfach nicht mehr da. Es war buchstäblich nichts zu holen. Entweder weil die Umstände so waren oder weil die Eltern schlicht überfordert waren. Resultat: Die Achtung für das Wenige, was da war, steigt. Damit schrumpft der Mangel ebenfalls. Denn das Wenige war, verglichen mit dem was möglich war, recht viel. Wir fühlen uns nicht länger beraubt, sondern beschenkt.

Bei Ihnen kommt etwas ganz anderes heraus, wenn Sie mit weitem Blick in die Vergangenheit zurückblicken? Ja, manchmal kann auch herauskommen: Es gab einen schwerwiegenden Grund für das Verhalten der Eltern, der absolut nichts mit mir zu tun hatte. Wenn zum Beispiel der Vater den Job verlor, der Bruder durch einen tragischen Unfall ums Leben kam oder gerade eben harte Zeiten waren. Dann sehen wir: Nicht ich bin nicht liebenswert oder unwichtig. Nicht ich hatte Schuld, sondern die Umstände. Also muss ich das Problem auch nicht länger in meinem Leben zu lösen versuchen – denn ich kann ja nichts dafür! Ich beziehe den damaligen Mangel nicht mehr länger auf mich und gewinne meine innere Freiheit zurück: Es ist nicht länger mein Problem.

Versöhnung schafft Freunde

Wer sich nicht mit der Vergangenheit versöhnt, lebt quasi ständig auf engstem Raum mit einem Feind zusammen. Für viele von uns ist die Vergangenheit der schlimmste Feind. Wer sich hingegen mit seiner Vergangenheit versöhnt, wer erkennt, was es dort noch alles gab oder eben nicht zu holen gab, versöhnt sich mit etwas, was ihn bislang quälte.

Mehr noch: Wir machen aus unserem Feind einen Freund fürs Leben. Und einen guten Freund obendrein. Denn niemand kennt uns so gut wie unsere eigene Vergangenheit. Niemand weiß besser, was uns fehlt, was wir brauchen und was uns glücklich macht. Wenn wir uns mit unserer Vergangenheit versöhnen, gewinnen wir dieses Wissen wieder zurück.

«The most difficult thing is to see the obvious.»
Fritz Perls

12. Die Suche nach dem Gegenbeweis

Woher haben Sie Ihren Charakter?

Haben wir unseren Groll besänftigt und uns mit der Vergangenheit versöhnt, kleben wir nicht länger voll Zorn in den alten Geschichten fest. Wir können darangehen, unsere Kernüberzeugungen zu ändern. Wie geht das? Das ist keine triviale Frage. Denn ein Großteil von uns geht davon aus, dass unsere Kernüberzeugungen unveränderlich sind. Wir halten diese Kernüberzeugungen für unabänderlich, weil wir sie schlicht für die Wahrheit halten: So ist das eben. Männer *sind* untreu, Frauen *können* nicht Auto fahren und ich *bin* nun mal eben nicht die größte Leuchte. Die Annahme der Unabänderlichkeit von Überzeugungen ist dabei unabhängig von Bildung und Wohlstand. Die Geschäftsführerin eines Software-Unternehmens zum Beispiel ist eine Powerfrau aus dem Bilderbuch. Sie studierte Wirtschaftswissenschaften und ist ein Organisationsgenie in allen kaufmännischen und akquisitorischen Belangen. Sie verdient jährlich knapp eine halbe Million Mark. Als sie nach einer schweren Operation klagt, dass ihr das ärztlich angeratene Kürzertreten schwer falle, sagt ihr Coach – glücklicherweise hat sie einen: «Vielleicht möchten Sie nur für die nächsten Monate die Prioritäten umdrehen: Erst die eigene Gesundheit und dann die Arbeit?»

«Ja, das müsste ich – aber das kann ich nicht. Ich glaube, das ist bei mir genetisch bedingt. Oder es ist eine Charakterfrage. Und ich glaube, den Charakter eines Menschen kann man nicht ändern.»

Wir glauben, was wir nicht wissen, aber handeln, als sei es wahr.

Der Coach verbirgt mühsam sein Entsetzen. Später erzählt er einem Kollegen beim Schoppen: «Mir gefror das Blut in den Adern. Da ist jemand, der die beste Bildung der westlichen Welt genossen hat, der täglich Millionendeals macht, der einen höheren IQ hat als ich – und der glaubt, dass das, was er glaubt, genetisch bedingt ist. Wenn eine Klientin mit Superbildung das schon glaubt, dann habe ich für den Rest der Welt wenig Hoffnung.»

Das ist ein wenig zu pessimistisch gesehen. Denn schon länger wissen wir, dass die konventionelle Bildung zwar für unsere Vermögensentwicklung sehr nützlich, für unsere Persönlichkeitsentwicklung dagegen eher hinderlich ist. Der Mann auf der Straße weiß es besser: «Ich kann auch anders!» Das stimmt. Wir alle können anders. Vor allem, wenn wir uns einmal anschauen, wie Kernüberzeugungen funktionieren und wie sie entstanden sind. Denn wenn wir wissen, wie eine alte Kernüberzeugung entstand, können wir auch eine neue entstehen lassen.

Wie wir steuern, was uns steuert

Erinnern Sie sich, wie unsere Kernüberzeugungen entstanden (siehe Kapitel 2, Seite 21): Jemand zeigt uns in einem traumatischen Kontext oder einfach immer wieder, dass wir

hilflos sind,
- verlassen werden,
- vor einer Katastrophe stehen
- und so weiter – Sie kennen Ihre Kernüberzeugungen inzwischen,

und schon generalisieren wir diese Erfahrung aus einer speziellen Situation ganz allgemein auf unser Leben: Ich bin immer hilflos, alle, die ich liebe, werden mich verlassen …

Diese Generalisierung ist auf gut Deutsch Käse: Es gibt immer mehr Menschen, die bei mir bleiben, als Menschen, die mich verlassen. Es gibt immer mehr Situationen, in denen ich mir helfen kann, als Situationen, in denen ich hilflos bin. Die Gegenbeweise für unsere falschen Kernüberzeugungen sind so erdrückend, dass selbst ein kleines Kind von der überwältigenden Beweisflut überwältigt sein müsste – ist es aber nicht. Dafür sorgt die selektive Wahrnehmung:

> Wer eine Kernüberzeugung hat, nimmt nur noch jenen Teil der Realität bewusst wahr, der ihm diese Überzeugung bestätigt.

Der ganze Rest der Realität, die ganzen Gegenbeweise werden einfach herausgefiltert. Damit bestätigen wir unsere Kernüberzeugungen immer und immer wieder, obwohl die Beweise des Gegenteils erdrückend sind. Das ist natürlich vollkommen verrückt. Aber es funktioniert glänzend. Wer zum Beispiel keine hohe Meinung von sich hat (und wer von uns hat das schon),

- blendet einfach die vielen Beispiele für Anerkennung aus;
- gibt sich selbst keine Anerkennung;
- bewertet Anerkennung anders.

Wie Kernüberzeugungen entstehen

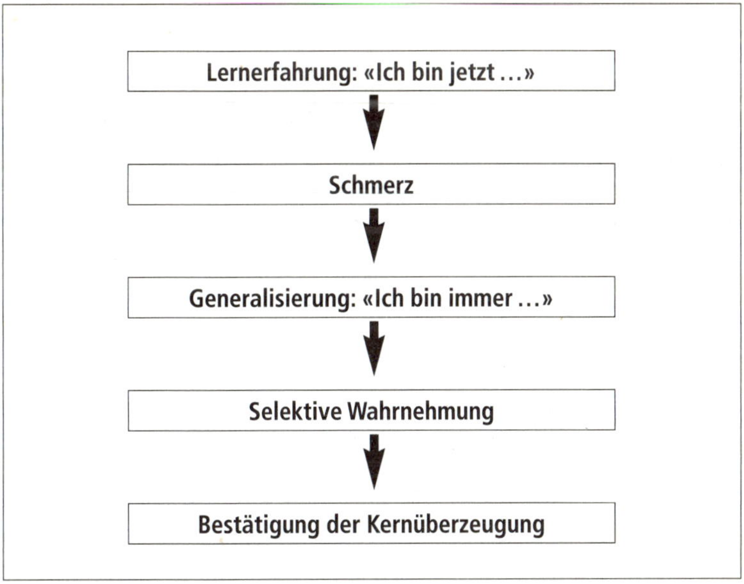

Abb. 06 Kernüberzeugung

Wir alle kennen Menschen, die etwas Herausragendes geleistet haben, danach Anerkennung von allen Seiten erhalten und darauf etwas sagen wie: «Der hat doch keine Ahnung!» Oder: «Ach, so besonders war das doch nicht. Ich hatte bloß Glück. Eigentlich gehört das ja zu meiner Arbeit. Ein anderer hätte das auch gekonnt.» Wir nennen das zwar bescheiden, doch das stimmt nicht. Das ist krank. Was ist los mit solchen Menschen? Die selektive Wahrnehmung ist los. Wer mit der Kernüberzeugung «Nicht gut genug» durchs Leben geht, dessen selektive Wahrnehmung vertuscht oder verniedlicht alles, was gegen die Kernüberzeugung sprechen könnte – auch Anerkennung. Das liefert den entscheidenden Hinweis darauf, wie wir hinderliche Kernüberzeugungen durch konstruktive ersetzen können:

Blenden Sie einfach wieder ein, was die selektive Wahrnehmung ausblendet.

So lernen Sie zu steuern, was Sie steuert. Das Schönste daran: Dieses Einblenden müssen Sie nicht extra lernen. Denn Sie kennen es schon. Das wussten Sie nicht? Das wussten wir.

Das intuitive Verfahren

Im Grunde kennen wir alle das Verfahren, mit dem man unter Einsatz des Gegenbeispiels eine alte Überzeugung durch eine neue ersetzt. Erinnern wir uns an das Bistro-Beispiel (siehe Kapitel 7, Seite 83). Da meinte ein Werbegrafiker auf die Urlaubsstory eines Kollegen hin: «Jaja, die Italiener klauen doch alles, was nicht niet- und nagelfest ist.» Als der Kollege ihn darauf hinweist, dass jede deutsche Großstadt eine höhere Diebstahlstatistik hat und dass man in Miami sogar um sein Leben fürchten muss, gibt der Grafiker seine falsche Überzeugung auf:

Gegenbeispiele kippen Überzeugungen.

Dieses Gegenbeispiel-Verfahren kennt und benutzt jeder von uns täglich – sonst würden wir nie etwas dazulernen, und wir verwenden es ganz unbewusst. Dass es bei unseren hinderlichen Kernüberzeugungen nicht funktioniert, heißt nicht, dass das Verfahren nicht funktioniert. Es heißt lediglich, dass es nicht unbewusst funktioniert. Damit es funktioniert, müssen wir uns das Unbewusste eben bewusst machen. Das tun wir jetzt. Wir machen dabei nichts anderes, als Sie ohnehin schon machen, wenn Sie einsehen, dass nicht alle Italiener klauen wie die Raben. Wir machen das Ganze im Folgenden lediglich so bewusst, dass es auch dann funktioniert, wenn uns unbewusste Kernüberzeugungen ein Bein stellen.

Suchen Sie Gegenbeispiele

Sie kennen sich am besten. Mit welcher Kernüberzeugung stellen Sie sich oft selbst ein Bein? Wenn Sie in einer regelmäßig wiederkehrenden Situation in Beruf, Familie oder Beziehung von Ihrem Verhalten oder dem Ergebnis der Situation enttäuscht sind – welche Kernüberzeugung(en) steckt/stecken dahinter? Lassen Sie uns damit arbeiten. Notieren Sie sie, wenn Sie möchten.

«Ich möchte jetzt an meinen Kernüberzeugungen arbeiten»:

Sie kennen das Mittel, mit dem Sie diese hinderlichen Überzeugungen kippen können: Suchen Sie in Ihrem Leben eklatante Gegenbeispiele für die betreffende Kernüberzeugung. Und zwar immer mindestens drei davon, damit die Beweislage so überwältigend wird, dass sich die alte Überzeugung nicht mehr halten kann. Gehen Sie immer nur eine Kernüberzeugung auf einmal an.

Wenn Sie in bestimmten regelmäßig wiederkehrenden Situationen …	**… suchen Sie nach drei Situationen, in denen**
1) sich hilflos fühlen, unselbstständig werden, sich mit weniger zufrieden geben, als Sie sich wünschen …,	… Sie sich zu helfen wussten, das dig Problem mit Bravour lösten, exakt das bekamen, wofür Sie sich voll und ganz einsetzten.
2) denken: «Da kann man ja doch nichts machen»,	… Sie ebenso dachten und danach eindrucksvoll bemerkten oder selbst bewiesen, dass sehr wohl etwas zu machen war.
3) sich überfordert fühlen, eine Katastrophe befürchten …,	… Sie ebenso dachten und sich die vermeintliche Katastrophe als Baga telle oder als bewältigbare Aufgabe herausstellte.

Abb. 07 Gegenbeispiele

Die Tabelle zeigt das Verfahren für die Kernüberzeugungen eins und drei. Sie können sich die gleiche Tabelle für alle Ihre Überzeugungen zusammenstellen. Das Prinzip der Tabelle erscheint trivial. Denn nichts anderes sagen uns wohlmeinende Freunde und Kollegen auch: «Nun nimm's doch nicht so schwer! Du bist doch kein hilfloses kleines Kind! Du hast deinem Partner doch schon so oft vertraut, also kannst du es jetzt auch!» Nützt das was? In der Regel nein. Die Botschaft hörn wir wohl, allein, es fehlt der Glaube: Wir wissen, dass es Gegenbeweise gibt, aber wir fühlen es nicht. Im Gegenteil, die Gegenbeweise fühlen sich falsch an – weil uns die alte Kernüberzeugung einreden möchte, dass sie irrelevant sind: Die unbewusste Ausblendung ist wieder am Werk.

Deshalb nützt es oft nichts, wenn wir darauf warten, dass uns andere sagen, dass wir uns unnütz Sorgen machen. Wir glauben das nicht. Weil uns keiner von etwas überzeugen kann, von dem wir uns selbst überzeugen müssen. Diese Selbstüberzeugung allerdings hilft. Das haben wir alle schon erlebt, wenn wir in irgendeinem Schlamassel steckten. Unter Druck sind nämlich die negativen Überzeugungen besonders stark:

«Das schaffe ich nicht!»

«Die lassen mich doch wieder im Stich!»

«Das wird ganz übel!»

«Ich kann nicht genug für eine gute Lösung.»

Natürlich versuchen wir – getreu dem US-Standardmodell der Motivation – uns einzureden: «Du schaffst das!» Aber das wirkt nicht – wenigstens nicht bei Europäern. Wir hören das wohl, wollen es auch verstehen, doch glauben tun wir es nicht. Das Gefühl stimmt nicht. Aber wenn wir uns dann an eine Situation erinnern, in der wir ein ähnliches Gefühl der Hilflosigkeit, des Misstrauens, der Verunsicherung oder der Existenzangst hatten und sich danach alles als falscher Alarm herausstellte oder wir die Situation doch aus eigener Kraft meisterten: Dann glauben wir's. Unser eigenes Beispiel überzeugt uns besser als jedes gute Wort. Was übrigens schon die alten Römer wussten, als sie sagten: Verba docunt, exempla trahunt. Worte lehren, doch Beispiele überzeugen.

Nur das eigene Beispiel kann Kernüberzeugungen verändern.

Oft genügt schon die bloße Erinnerung an ein Gegenbeispiel, um eine Überzeugung wenigstens für den Augenblick kippen zu lassen. Sie merken das sofort, wenn sich spontan das Gefühl einstellt: «Also so wild ist das doch nicht. Das kann ich doch im Grunde!» Auf diese Einsicht folgt oft eine unglaubliche Erleichterung, die sich aus der konkreten Situation nicht erklären lässt. Wenn wir diese Erleichterung anderen mitteilen, verstehen die das oft nicht: «Natürlich kannst du ein Budget aufstellen – das ist doch keine große Sache!» Doch. Für uns ist das eine große Sache. Nicht das Budget, nicht das eigentliche Problem, sondern das Wegfallen der uralten Kernüberzeugung «Das schaffe ich nicht!». Fällt diese Überzeugung weg, fällt uns der sprichwörtliche Stein vom Herzen. Wir fühlen uns befreit von einer uralten, zentnerschweren Last. Wir fühlen uns plötzlich voller Energie, voll Tatendrang und Zuversicht. Erst beim Wegfallen der alten Überzeugung bemerken wir oft, wie viel Energie und Lebensfreude diese alte Geschichte in uns auffraß.

Sie finden keine Gegenbeispiele?

Sie haben Probleme beim Finden von Gegenbeispielen? Das kommt oft vor. Das ist normal. Stecken wir in einer Überzeugung fest, dann glauben wir tatsächlich, nein, wir fühlen es fast schon körperlich,

- dass in dieser speziellen Situation nichts zu machen ist;
- dass uns der Partner untreu ist;
- dass dies eine ganz üble Sache ist;
- dass der Projekttermin wichtiger ist als das Zwicken im Kreuz

und dass es für diese Situationen eben keine Gegenbeispiele gibt. Wenn wir tatsächlich Gegenbeispiele entdecken, sagen wir uns sofort: «Ja, aber das war doch damals etwas ganz anderes!» Fallen Sie nicht darauf herein. Diese Gedanken kommen direkt aus der selektiven Wahrnehmung. Denn die selektive Wahrnehmung ist ja immer noch aktiv! Noch immer versucht sie, Ihre hinderliche Kernüberzeugung zu schützen, indem sie die Realität auszublenden versucht.

Unterbinden Sie diesen Versuch, indem Sie sich das Unbewusste bewusst machen und sich sagen: «Das redet mir nur die alte Überzeugung wieder ein.» Indem Sie sich sagen: «Gegenbeispiele, auch wenn sie nicht hundertprozentig passen, enthalten immer ein Stück Wahrheit. Ich konzentriere mich nicht auf das, was nicht passt. Ich suche das, was passt.» Wenn Sie einfach Ihren gesunden Menschenverstand einschalten, merken Sie recht schnell, dass es rein statistisch betrachtet Gegenbeispiele geben *muss*. Außerdem bedeutet ja gerade die Existenz einer selektiven Wahrnehmung, dass es Gegenbeispiele geben *muss* – denn sonst gäbe es ja nichts auszublenden.

> Wurde etwas jahrelang ausgeblendet, kostet es etwas Zeit und Nachdenken, es wieder ins Gedächtnis zu rufen.

Das ist wie mit jeder Tätigkeit, die man jahrelang nicht ausübte.

Doch mit etwas Übung geht das immer besser. Vor allen Dingen macht es Spaß und belohnt ungemein. Denn wir merken dabei, dass wir endlich etwas tun, um uns von einer alten Geschichte zu befreien.

> Mit etwas Nachdenken findet jeder lebende Mensch genügend Gegenbeispiele für jede hinderliche Überzeugung.

Gewicht dem Gegenbeispiel

Es reicht oft schon aus, sich ein Gegenbeispiel ins Gedächtnis zu rufen, um eine alte Überzeugung zu kippen. Manchmal jedoch wiegt die alte Geschichte so schwer, dass wir unsere Gegenbeispiele einfach schwerer machen müssen. Das können Sie tun, indem Sie sich ganz in das Gegenbeispiel hineinversetzen.

Checkliste: Gegenbeispiele zum Leben erwecken

- ❒ Stellen Sie sich das Gegenbeispiel so plastisch wie möglich vor. Was genau passierte?
- ❒ Gehen Sie innerlich ganz in diese Situation hinein. Leben Sie sie noch einmal. Genießen Sie das gute Gefühl dabei.
- ❒ Was sahen Sie?
- ❒ Was hörten Sie?
- ❒ Was taten Sie?
- ❒ Was taten und sagten andere?
- ❒ Wie fühlte sich die Situation an?

Alte Überzeugungen kippen

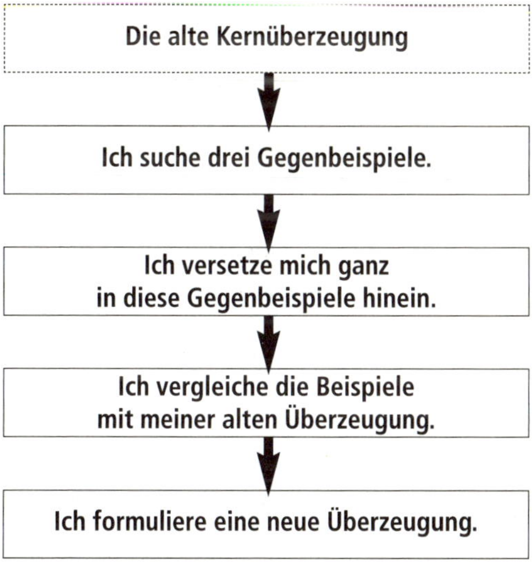

Abb. 08 Alte Überzeugungen

Sie werden erleben: Je intensiver Sie Ihre drei Gegenbeispiele ausleben, desto stärker wächst Ihre Überzeugung von Ihren eigenen Fähigkeiten. Und diese neue Überzeugung stellen Sie nun gedanklich der alten Überzeugung gegenüber. Das gibt einen richtigen Aha-Effekt. Viele Teilnehmer auf unseren Seminaren brechen spontan in Äußerungen der Fassungslosigkeit aus: «Wie konnte ich nur so lange so einen Unsinn glauben? Das stimmt doch einfach überhaupt nicht!» Manche fühlen sich wie neu geboren: «Ich bin gar kein Opfer!» «Ich hätte wegen meiner dummen Eifersucht fast den besten Partner vergrault, den ich mir wünschen kann!» «Ich kann auch mit diesem Schlamassel fertig werden – ich weiß gar nicht, wieso ich jemals daran zweifelte!»

Die neue Überzeugung formulieren

Wenn die alte Überzeugung nicht mehr stimmt, wie lautet dann die neue? Das ist keine triviale Frage: Wenn ich mich bislang für hilflos in technischen Dingen hielt, lautet dann die neue Überzeugung: «Ich bin ein technisches Genie»? Wenn ich meine Angst vor dem Verlassenwerden überwunden habe, heißt das dann: «Niemand wird mich jemals verlassen»? Wenn ich bislang von Selbstzweifeln geplagt war, lautet dann meine neue Überzeugung: «Ich schaffe alles!»? Solche euphorische Sprüche bekommen die Teilnehmer auf vielen wenig seriösen so genannten Persönlichkeits- und Motivationsveranstaltungen zu hören. Leider verwechseln viele Menschen solche Sprüche mit positivem Denken. Das ist es nicht. Das ist blanker Unfug.

Wir wissen alle, wie lange solche Sprüche wirken. Manchmal nicht einmal bis zum Ende der Veranstaltung. Warum? Weil sie zum einen nicht mit der Realität vereinbar sind. Denn ich bin nun eben rein faktisch gesehen kein Einstein der Informationstechnologie, und das wird mir die Realität auch beweisen. Zum anderen sind diese platten, euphorischen Sprüche einfach nicht stimmig – und das ist das wichtigere Kriterium:

> Die neue Überzeugung muss zu Ihnen passen.

Sie müssen davon überzeugt sein. Sie müssen es selber glauben.

Denn man kann andere vielleicht hinters Licht führen, sich selber jedoch nicht. Wer bislang von sich selbst keine hohe Meinung hatte, der bekommt oft ein ungutes Gefühl, wenn er nach dem Kippen der alten Überzeugung «Ich bin nicht gut genug» formulieren möchte: «Ich bin gut genug.» Das ist für ihn zu hoch gegriffen. Eine neue Überzeugung muss nicht euphorisch sein. Sie muss glaubwürdig sein. Glaubwürdig für Sie und nur für Sie allein. Und wenn für Sie glaubwürdig ist: «Manchmal bin ich richtig gut!», dann ist das Ihre neue Überzeugung.

An dieser Stelle hören wir einige Gurus des Persönlichkeitstrainings heulen: «Das ist zu wenig! Damit reißt man keine Bäume aus!» Irrtum, mit den Baumausreiß-Sprüchen reißt man keine Bäume aus, weil man selbst nicht davon überzeugt ist. Fasst man dagegen eine Überzeugung, in welcher auch das Wort «manchmal» auftauchen darf, dann reißt man bald Bäume aus. Denn: Manchmal wird immer öfter. Sobald wir uns eingestehen, dass wir manchmal unsere Erwartungen erfüllen, nehmen wir Möglichkeiten wahr, die wir vorher einfach nicht wahrnahmen, weil uns die alte Überzeugung daran hinderte. Je mehr dieser Möglichkeiten wir wahrnehmen, desto öfter bewahrheitet sich «manchmal», desto stärker wird unsere Überzeugung und desto früher generalisiert sie sich vielleicht von: «In den Dingen, die mir wichtig sind, bin ich richtig gut» über: «Ich bin wirklich gut» bis hin zu: «Ich bin einfach Spitze!»

Wir werden unsere alten Überzeugungen möglicherweise ein ganzes Leben lang nicht los. Denn die Wunden der Kindheit sind tief. Doch wenn wir eine neue Überzeugung formuliert haben, können uns die alten nichts mehr anhaben. Denn sobald wieder eine alte Überzeugung auftaucht, können wir uns zum Beispiel sagen: «Stimmt doch gar nicht. Ich bin nämlich manchmal richtig gut.»

«Was man nicht annimmt, kann man nicht ändern.»
Carl Gustav Jung

13. Wir wappnen uns für die Begegnung mit der Vergangenheit

Den Weg zu Ende gehen

Inzwischen werden Sie eine Menge alter Geschichten losgeworden sein. Einfach so, durchs Lesen, Nachdenken und Verstehen der seltsamen Mechanismen hinter den Geschichten, das Durchschauen und Vermeiden der Ausweichmanöver, Ablegen des Grolls auf die Eltern, die Versöhnung mit der Vergangenheit oder das Finden von Gegenbeispielen für alte, hinderliche Überzeugungen. Einige Probleme aus der Vergangenheit werden jedoch geblieben sein. Das kommt häufig vor und ist nichts Außergewöhnliches.

Leider belasten uns diese hartnäckigen alten Geschichten besonders. Wie gehen wir mit ihnen um? Wann immer sie im Alltag hochkommen, ärgern wir uns,

- gehen innerlich in die Vergangenheit zurück und denken: «Wenn meine Eltern damals …»;
- malen wir uns aus, was uns damals fehlte und was uns heute belastet.

Was passiert dann? Nach diesen beiden Schritten stecken wir fest. Meist sogar in den schmerzhaften Gefühlen von damals. Wir spüren wieder, als ob es gestern gewesen wäre, wie man uns das antat, was uns noch heute verfolgt. Wir spüren die Lieblosigkeit, die Missachtung unserer Wünsche, den Schmerz des Im-Stich-gelassen-Werdens, die Angst, die Wut. Wir machen quasi die alte leidvolle Erfahrung noch einmal durch! Wie schon viele Male zuvor. Wir sehen wieder die alten Bilder, hören die alten Stimmen und fühlen die alten Gefühle – und wenn das an einem Freitagabend passiert, ist das Wochenende verhagelt. Das lässt uns dann tagelang nicht mehr los. Dann machen wir uns selbst Vorwürfe: «Häng doch nicht wieder diesen alten Geschichten nach! Vergiss es doch endlich!» Ist das ein berechtigter Vorwurf? Im Gegenteil.

Intuitiv tun wir das Richtige: Wir gehen zurück in die Vergangenheit.

Denn wir wissen oder ahnen, dass dieses Problem aus der Vergangenheit nur in der Vergangenheit gelöst werden kann. Also sind wir auf dem richtigen Weg. Wir machen nur einen Fehler: Wir gehen ihn nicht bis zum Ende. Wir brechen ihn nach den ersten beiden Schritten ab. Würden wir ihn zu Ende gehen – das spüren wir –, dann könnten wir die alte Geschichte aus unserer Vergangenheit endlich in Ordnung bringen.

Was hält uns davon ab, den Weg zu Ende zu gehen? Der Schmerz der alten Wunde. Er ist so stark, dass wir schnell wieder feststecken – eben wie damals. Also brauchen wir etwas, was uns gegen diesen Schmerz absichert.

Die Macht des Zufluchtsortes

Bevor wir in die Vergangenheit zurückgehen, müssen wir uns gegen das Feststecken und gegen die allzu heftigen, schmerzhaften Gefühle aus der Vergangenheit absichern.

> Wenn die Gefühle so stark werden, dass sie uns von der Aufarbeitung der Vergangenheit abhalten, nützen sie uns nichts.

Lassen Sie sich nicht von den Gefühlen überwältigen, bewältigen Sie die Gefühle. Wie macht man das? Das wissen wir längst. Jeder von uns ist schon mal abends stinksauer, buchstäblich überwältigt von negativen Gefühlen von der Arbeit heimgekommen und hat … ja, was genau? Wir alle haben etwas, was wir tun, wenn wir vor negativen Gefühlen kochen. Die einen gehen Joggen und rennen sich den Frust von der Seele, die anderen hacken Holz, wieder andere werfen die Aktentasche in die Ecke, ziehen das Jackett aus und schmeißen sich in ihren Lieblingssessel, um die Füße hochzulegen. Jeder von uns hat so einen Zufluchtsort für emotional belastende Situationen. Entscheidend ist nicht der Ort an sich, sondern die Kraft, die von ihm ausgeht. Diese Kraft ist so groß, dass wir den Ort oft gar nicht aufsuchen müssen, um sie zu spüren. Jeder kennt das vom Urlaub: Man muss nur daran denken, um sich besser zu fühlen.

Diese Kraft ist magisch. Und diese Kraft beschützt uns auch vor negativen Gefühlen. Das Problem ist nur: Wo ist der Ort, an dem die Kraft zum Schutz vor negativen Gefühlen aus der Vergangenheit groß genug ist? Direkt in Ihrem Wohnzimmer. Oder in Ihrem Büro. Wo hätten Sie's denn gerne?

Der Zaubersessel

Stellen Sie sich vor: Sie besichtigen ein Haus mit der Absicht, es zu kaufen. Obwohl es ein Traum von einem Haus ist, ist es sehr günstig im Preis. Als Sie nach dem Grund fragen, sagt der Makler: «Die ganze Familie, die vorher darin wohnte, hat Selbstmord begangen.» Wie fühlen Sie sich? Dumme Frage. Und nun stellen Sie sich dieselbe Situation mit einer anderen Makler-Antwort vor: «Das Haus gehört einer Stiftung, die mit dem Verkauf keinen Gewinn über den Buchwert hinaus machen darf.» Welches Gefühl löst das nun in Ihnen aus?

Unglaublich, nicht wahr? Das Haus, über das wir gerade spekuliert haben, gibt es überhaupt nicht, und trotzdem haben Sie es eben mit einem total negativen und einem sehr positiven Gefühl aufgeladen. Sie sind ein Magier des eigenen Geistes, gegen den Harry Potters Zaubertricks wie Kindergeburtstagshokuspokus anmuten. Und Sie wussten das noch nicht einmal! Es wird Zeit, dass Sie sich Ihrer Talente bewusst werden.

Sie können Häuser und Orte mit Gefühlen aufladen, frei nach Ihrem Willen. Jeder von uns hat zum Beispiel einen Lieblingssessel oder Lieblingsplatz im Wohnzimmer oder Arbeitszimmer. Liegt das am Sessel? Nein, es liegt an den Gefühlen und Erinnerungen, die an ihm haften. Dort haften sie nicht, weil sie das Möbelhaus mitlieferte, sondern weil wir sie über die Jahre dort «angebracht» haben. Das geht auch schneller. Buchstäblich in Minutenschnelle:

Laden Sie Ihren Lieblingssessel mit positiven Gefühlen auf. Machen Sie ihn zu Ihrem Zaubersessel.

Wie das geht? Genau so, wie wir es schon immer machen, wenn wir auf unserem Lieblingsplatz sitzen. Dort kommen uns lauter gute Gedanken, und die wiederum bleiben an unserem Lieblingsplatz «haften». Das passiert ganz unbewusst. Dass wir es jetzt bewusst machen, hat einen großen Vorteil: Wir können exakt jene Gefühle draufladen, die wir benötigen.

Nehmen Sie sich also die Kernüberzeugung vor, an der Sie gerade arbeiten, und fragen Sie sich: Was benötige ich, um mich mit dieser leidigen alten Geschichte auseinander zu setzen? Welches Gefühl würde mich davor schützen, in den alten negativen Gefühlen stecken zu bleiben? Welche Fähigkeit möchte ich abrufen können, wenn ich mich gedanklich wieder in die Vergangenheit begebe?

Weil die alte Geschichte mich immer wieder hinunterzieht, brauche ich also etwas, was mich wieder nach oben bringt. Ich brauche das, was mir fehlt, wenn ich emotional unten bin: Bewusstheit der eigenen Stärke, Selbstvertrauen, Zuversicht oder Gelassenheit … Was brauchen Sie, um sich angesichts der leidigen alten Gefühle sicher zu fühlen? Notieren Sie, wenn Sie möchten. Wählen Sie am besten zwei oder drei dieser positiven Gefühle und Fähigkeiten, denn wir möchten ja optimal abgesichert in die Vergangenheit gehen:

Laden Sie Ihre emotionale Tankstelle auf

Wie bekommen Sie diese erwünschten guten Gefühle nun auf den Sessel? So, wie Sie es schafften, dass Ihr Lieblingslied Ihr Lieblingslied, Ihr Lieblingssakko Ihr Lieblingssakko und Ihre Glücksbringer-Socken Ihre Glücksbringer-Socken wurden: Sie verbinden diese Dinge so mit guten Gedanken, dass der Kontakt mit diesen Dingen automatisch die guten Gedanken und Gefühle auslöst. Wenn das mit Lieblingsdüften und -liedern funktioniert, funktioniert das auch mit einem Stuhl oder Sessel:

1. Setzen Sie sich einfach aufrecht in den Sessel, auf den Stuhl Ihrer Wahl. Rufen Sie sich mit ein wenig Erinnerungsarbeit eine Situation ins Gedächtnis, in der Sie das erste Wunschgefühl auf Ihrer Liste (s. o.) besonders stark empfanden.
- Was genau empfanden Sie damals? Kosten Sie das Gefühl voll aus.
- Welches Bild verbinden Sie mit diesem Gefühl? Viele Menschen sehen zum Beispiel bei «Gelassenheit» einen tiefen blauen Gebirgssee vor sich. Was sehen Sie?
- Was hören Sie? Viele Menschen hören eine Melodie oder einen Gedanken, zum Beispiel: «Ich bin ganz ruhig.»
2. Spüren Sie das gute Gefühl noch einmal so richtig. Kosten Sie es aus. Wenn es am intensivsten ist, atmen Sie tief ein, lehnen Sie sich genüsslich zurück und atmen Sie wieder tief aus. Zur Unterstützung stellen Sie sich das Bild und/oder die Tonspur vor, welche Sie mit dem gewünschten Gefühl verbinden.
3. Unser Verstand lernt zwar schnell. Er hat jetzt zum Beispiel gelernt: Dieser Sessel bedeutet ... (das positive Gefühl, dass Sie «ankerten» – so der Fachausdruck für das, was Sie eben taten).

Damit unser Verstand auch dauerhaft lernt, wiederholen Sie die Ankerung noch viermal. Zwischen jedem Ankern stehen Sie kurz auf und gehen einige Schritte im Zimmer, damit Ihr Verstand den neuen Speichervorgang erkennen kann.

Dieses Aufladen wiederholen Sie danach für ein zweites, vielleicht sogar ein drittes positives Gefühl oder eine Fähigkeit. Denn wir wollen ja unseren Zaubersessel mit dem stärksten Zauber überhaupt ausstatten. Doppelt genäht hält besser. Es versteht sich von selbst, dass Sie diesen Zaubersessel auch für alle anderen Situationen nutzen dürfen, in denen Sie sich etwas Gutes gönnen möchten.

Nutzen Sie Auslöser

Wieso funktioniert so etwas überhaupt? Das ist eigentlich egal. Denn wichtig ist allein, dass es funktioniert. Wir alle kennen «Auslöser», also äußere Reize, die stets eine ganz bestimmte Reaktion in uns auslösen. Fragen Sie mal einen Kollegen, was der Auslöser «Pamela Anderson» bei ihm auslöst. Fragen Sie eine Kollegin, was sie beim Anblick des Auslösers «Mel Gibson» empfindet. Das funktioniert. Immer.

Ein Auslöser ist alles, was wir bewusst oder unbewusst dazu machen. Wir haben Mel Gibson unbewusst zum Auslöser für erotische Gefühle gemacht. Also können wir auch einen Sessel in Verbindung mit tiefem Ein- und Ausatmen und bestimmten Bildern und Tönen zum Auslöser für Gelassenheit werden lassen. Die Spitzensportler und Bühnenkünstler machen das schon seit mehreren

Jahrhunderten so. Sie sterben fast vor Lampenfieber, sie atmen ein, sie atmen aus, sie ballen die Faust oder visualisieren das Bild ihrer Stärke, werden ganz ruhig und stellen den nächsten Weltrekord auf. So einfach ist das, wenn man weiß, wie der eigene Kopf funktioniert.

Wenn Sie also spätestens im nächsten Kapitel in die dunklen Gewölbe Ihrer Vergangenheit hinabsteigen, wird das ohne emotionale Überlastung abgehen. Denn Sie können immer dann, wenn die Gefühle Sie zu überwältigen drohen, ganz einfach mit einem Schritt zu Ihrem Zaubersessel gelangen, sich hineinfallen lassen und alle guten Gefühlen einfach wieder auftanken, die Sie in diesem Augenblick brauchen.

Sie trauen dem Ganzen noch nicht so recht? Meinen Glückwunsch, dass Sie so glänzend mitdenken und sich um Ihr Wohlergehen Gedanken machen. Sie sorgen gut für sich. Sie haben natürlich völlig Recht: Vertrauen ist gut, Kontrolle beruhigt. Gehen Sie nach dem fünften Durchgang für das zweite oder dritte positive Gefühl einfach aus dem Zimmer, erledigen Sie für einige Minuten eine kleine Haus- oder Büroarbeit, kehren Sie dann ins Zimmer zurück und testen Sie den Zauber: Setzen Sie sich auf den Sessel, atmen Sie tief ein, lehnen Sie sich zurück, visualisieren Sie die inneren Bilder und hören Sie die Sätze oder Töne, atmen Sie aus – was passiert? Wirkt der Zauber? Stellen sich die geankerten Ressourcen ein? Wenn ja: Gratulation. Wenn nein: Es ist noch kein Meister vom Himmel gefallen. Denken Sie ans Radeln, Tennis oder Golfspielen und wiederholen Sie das Ganze einfach so oft, bis es funktioniert. «Repetition is the mother of skills», wie Anthony Robbins zu sagen pflegt: Wiederholung ist die Mutter aller Fähigkeiten.

«Wenn ihr eure Augen nicht braucht, um zu sehen, werdet ihr sie brauchen um zu weinen.»
Jean Paul

14. Ändern Sie Ihr Leben

Gehen Sie in die Vergangenheit

Wenn wir wieder einmal einen völlig unnötigen Beziehungskrach hatten, wenn alles an uns hängen bleibt, wenn wir schon wieder den falschen Chef erwischt haben oder wenn wieder einmal das Leben nicht so läuft, wie wir es uns wünschen, dann kommen wir ins Grübeln: Warum lässt mich dieses Problem nicht los? Warum kommt es immer wieder? Wenn wir ins Grübeln kommen, kommen wir auch meist dahinter, dass das schon öfter, eigentlich immer so war, seit wir denken können. Wir erwischen immer wieder die falschen Partner, Chefs, was auch immer. Wir geraten immer wieder in dieselben Problemsituationen. Wir schmeißen immer die wichtigen Präsentationen, verhauen immer wieder die wichtigen Gespräche, kneifen immer dann, wenn es darauf ankommt, springen immer viel zu unvorsichtig in die Suppe ...

Diese immer wiederkehrenden Ärgernisse ziehen sich wie ein roter Faden durch unser Leben. Natürlich wechseln die Problemauslöser und -inhalte. Doch das Muster bleibt dasselbe – und wir kommen ins Grübeln. Dieses Grübeln ist der erste Schritt zur Lösung:

Gehen Sie gedanklich in die Vergangenheit.

Denken Sie an die immer wiederkehrende Problemsituation und fragen Sie sich: Wann passierte das noch? Meist fallen Ihnen zunächst die Problemsituationen aus der jüngsten Vergangenheit ein. Spüren Sie das Gefühl dabei? Mit diesem immer wiederkehrenden Problem ist ein typischer «Geruch», ein emotionales Aroma sozusagen, ein ganz bestimmtes Gefühl verbunden. Oft ist es eine Mischung aus Frustration, Ärger und Selbstvorwürfen. Das ist einerseits zwar unangenehm – doch andererseits der beste Wegweiser, den Sie sich wünschen können. Denn gerade weil dieses Gefühl für die frustrierende Situation so unverwechselbar ist, trägt es uns exakt zum Punkt seines Ursprungs:

Folgen Sie dem Gefühl wie dem Lichtstrahl eines Leuchtturms bis zu seinem Ursprung.

Dieses typische Gefühl trägt uns immer weiter in die Vergangenheit, immer weiter entlang der Kette der wiederkehrenden Situationen, bis wir an deren Anfang anlangen und mit größter innerer Sicherheit sagen können: «Damals fing es an!» Manche können dafür sogar das Jahr und den Monat angeben. Die meisten von uns erinnern sich zumindest an die Begleitumstände: «Damals, als mein Bruder zur Welt kam.» «Damals, als Papa versetzt wurde.» «Damals, als mir im Krankenhaus die Mandeln rausgenommen wurden.» Diese Leistungsfähigkeit des menschlichen Gedächtnisses ist eigentlich erstaunlich. Und eigentlich wieder nicht. Denn das, was uns heute noch verfolgt, hat uns damals so verletzt, dass der Schmerz noch heute so präsent ist, als ob es gestern passiert wäre. Wenn dieser Schmerz zu groß wird – sofort in den Zaubersessel sitzen und wieder auftanken.

Was fehlte damals?

Meist fällt uns nach einigen Minuten konzentrierten Nachspürens recht gut ein, «wann das alles anfing». Wir kommen sozusagen innerlich in der Ursituation an – und spüren genau, dass uns damals etwas Entscheidendes fehlte. Doch um uns endlich das zu geben, was schon so lange fehlt, müssen wir wissen, was genau dort fehlte.

Leider wissen wir das nicht so genau. Es kommt in uns zwar ein in seiner Intensität sehr starkes, aber in seiner Richtung nur ungenaues Gefühl für den damaligen Mangel hoch, wenn wir uns gedanklich in die Ursituation begeben: Es fehlte uns etwas ganz schrecklich, aber was genau – das wissen wir nicht mit derselben Intensität. Dann bringen wir es eben in Erfahrung! Nun, so einfach ist das nicht. Denn was ist Ihr erster Impuls, wenn Sie in der Ursituation ankommen? Sie möchten davonlaufen. Das negative Gefühl für die in der Gegenwart immer wiederkehrende Situation ist schon unangenehm genug. Verfolgen wir das Gefühl bis in die Ursituation, wird es oft unerträglich.

Das führt dazu, dass wir spontan «gerade keine Zeit haben», «Ach was, was soll denn das bringen?», «Huch, das ist mir einfach zu intensiv». Sie kennen das: Wir verdrängen das Ganze. Gibt es eine Alternative dazu? Ja, Sie kennen sie bereits: ab in den Rettungssessel und wieder auftanken. Haben Sie sich erholt, gehen Sie wieder in die Ursituation zurück. Damit dort noch einmal dasselbe passiert? Nein, denn inzwischen lernen Sie etwas hinzu:

Was man ignoriert, intensiviert sich.

Die Ursituation wird umso unangenehmer, je heftiger Sie sie verdrängen, sich gegen das negative Gefühl wehren. Alles Unangenehme verliert jedoch 90 Prozent des Unangenehmen, wenn Sie es einfach nur akzeptieren. Das ist zwar kontraintuitiv – aber das ist die Stotterbremse auf schneeglatter Fahrbahn auch. Trotzdem hilft sie viel besser, als dem inneren Impuls zu folgen und voll in die Bremsen zu steigen. Akzeptieren Sie das negative Gefühl in der Ursituation:

Begrüßen Sie das Gefühl ganz einfach.

Sagen Sie «Hallo, ich weiß, dass du da bist». Sie können das Gefühl auch beim Namen nennen: «Hallo, Kloß im Hals.» «Hallo, Stinkwut im Bauch.» «Hallo, Verletztsein, Wut, Frustration …» Der Effekt ist verblüffend: Die Intensität des Gefühls nimmt schlagartig ab. Es ist zwar noch da, aber es tut nicht mehr weh. Verblüffend? Eigentlich nicht. Denn wir wissen doch: Was man ins Auge fasst, kann nicht mehr erschrecken. Was man beim Namen nennt, kann keine Angst mehr machen.

Nun haben wir das Gefühl beim Namen genannt, um ihm seinen Schrecken zu nehmen – doch eigentlich wollten wir ja herausfinden, was genau uns in der Ursituation fehlte. Das Gefühl sagt uns zwar deutlich, dass etwas fehlte, aber nicht, was es war. Wir müssen herausfinden, was fehlte, damit wir uns endlich geben können, was so lange gefehlt hat. Wie finden wir es heraus? Dafür gibt es eine einfache Technik, die jeder von uns beherrscht: Schreiben.

Schreiben Sie's sich von der Seele

Schreiben Sie der betreffenden Bezugsperson, von der Sie das Falsche gelernt haben, einen Brief. Wem Schreiben nicht liegt, der soll sich deshalb keine Vorwürfe machen, sondern einfach zum Diktaphon greifen. Das ist Ihnen zu teuer, macht zu viel Aufwand? Das ist interessant. Das heißt, Sie sind sich keine 150 Mark und einige Minuten Ihrer Zeit wert? Ist das okay für Sie?

Schreiben oder sprechen Sie auf Band,

- was Ihnen fehlte;
- was Sie sich damals wünschten.

So lassen Sie das alte, belastende Gefühl heraus und gewinnen innerlich den Abstand, den Sie benötigen, um die alte Geschichte zu bearbeiten. Außerdem machen Sie sich damit endlich klar, was genau Ihnen damals fehlte und noch heute fehlt.

Was Sie da aufschreiben oder aussprechen, dürfen ruhig Vorwürfe, ja Hasstiraden sein: Der Betreffende bekommt das nie zu Gesicht. Es dient lediglich dazu, Ihnen Klarheit zu schaffen. Also lassen Sie es heraus: «Du hattest nie für mich Zeit, hast mich immer im Stich gelassen, wenn ich dich mal brauchte. Ich habe mir so gewünscht, dass du wenigstens einmal eine Schulaufführung von mir besucht hättest, dass du mich einmal in den Arm genommen hättest, anstatt mir zu sagen, was ich alles falsch gemacht habe ...» Schreiben Sie es sich von der Seele. Sie werden sich selten so erleichtert gefühlt haben. Schreiben Sie so lange, bis alles heraus ist.

Sie müssen sich beim Aufschreiben an keinerlei Regeln halten. Lassen Sie alles raus, was hochkommt. Wenn Ihnen dabei danach ist, in ein Kissen zu schreien oder gegen die Wand zu treten – tun Sie's. Wenn Sie das Papier zerreißen oder wie ein Verrückter darauf herumschmieren möchten – tun Sie's. Wenn Sie es herausheulen möchten – tun Sie's. Wie Eric Clapton singt: «Whatever takes you thru the night is all right.» Alles, was Sie brauchen, um heil zu werden, ist gut für Sie. Wirklich, wirklich gut.

Lassen Sie die ganze Wut des Kindes, das Sie damals waren, alle seine Gefühle und kindlichen, kindischen Wünsche heraus. Schämen Sie sich nicht dafür. Sie sollten sich schämen, wenn Sie sich dafür schämen würden. Lassen Sie alles heraus. Das ist die innerliche Befreiung, die Ihnen so lange gefehlt hat.

Bei dieser Befreiung kann immer mal wieder der alte Groll hochkommen: Warum hat er/sie mir das nicht gegeben? Wie Sie damit umgehen können, wissen Sie (siehe Kapitel 10 und 11, Seiten 125 und 135). Bearbeiten Sie den Groll, damit er Sie nicht länger aufhält. Damit Sie Ordnung in die Vergangenheit bringen können.

Wenn es gar zu arg ist

Wenn die Gefühle in der Ursituation Sie trotz regelmäßiger Besuche des Zaubersessels einfach immer wieder überwältigen, sobald Sie in die Ursituation gehen: Gehen Sie nicht mehr dorthin. Gehen Sie in die Zeit vor der Ursituation. Das können Minuten, Stunden, Tage oder Wochen vor der Situation sein. Wählen Sie den Zeitraum so, dass die Situation Sie nicht mehr überwältigt. Und dann machen Sie genau dasselbe: Schreiben Sie auf, was Ihnen fehlte und was Sie sich gewünscht hätten. Das funktioniert trotz oder gerade wegen der zeitlichen Distanz genauso gut.

Sollten Sie trotzdem nicht zurechtkommen, holen Sie sich einfach Unterstützung. Das Verfahren zur Heilung der alten Wunden ist ein Verfahren, das jeder gute Coach beherrscht. Fragen Sie einfach nach einem «Reimprinting», denn so heißt unser Verfahren in der Fachsprache. Es heißt so, weil wir bei der alten Verletzung in der Kindheit gleichsam mit einer hinderlichen Kernüberzeugung geprägt wurden. Und diese Prägung machen wir nun rückgängig und prägen uns auf etwas Neues, Konstruktives: Reimprinting eben.

Warum haben sie es mir nicht gegeben?

Wenn wir aufgeschrieben oder ausgesprochen haben, was uns damals fehlte, dann kommt uns oft die bittere Frage hoch: Warum hat er/sie es mir nicht gegeben? Genau mit dieser Frage beginnt die Heilung der alten Wunden, die Lösung der ständig wiederkehrenden Probleme, das Loslassen der Vergangenheit. Denn bis hierher kommen wir eigentlich wöchentlich einmal. Jedes Mal nach einem dieser wiederkehrenden Ärgernisse fragen wir uns: Warum ist das schon wieder passiert? Wir gehen geistig in die Vergangenheit zurück und werfen unseren Bezugspersonen den Mangel vor, unter dem wir heute noch leiden – dann beenden wir voll Groll die Aufarbeitung der Vergangenheit und tragen die alte Geschichte noch ein paar Jahre mit uns herum. Sobald wir auch nur einen einzigen Schritt weiter gehen, zeichnet sich bereits eine spürbare Lösung ab. Dieser heilsame Schritt ist die Frage:

Was hätte denn meine Bezugsperson gebraucht, um mir das zu geben, was ich mir damals wünschte?

Eine der häufigsten Antworten in Coachings und Trainings ist: «Sie/er hätte es mir geben können, wenn ihre/seine eigenen Eltern liebevoll, aufmerksam, präsent, selbstsicher, respektvoll mit ihr/ihm umgegangen wären.» Häufig kommen auch Antworten wie:

- «... wenn sie beruflich nicht so eingespannt gewesen wären»;
- «... wenn das Unglück nicht passiert wäre»;
- «... wenn sie in dieser Situation professionellen Beistand gehabt hätten.»

Das sind simple Erkenntnisse, die uns nur allzu rasch einfallen. Doch sie lösen eine Lawine aus. Manchmal hört man die Lawine sogar zu Tal rauschen, wenn die Menschen, denen diese Erkenntnis gerade aufgeht, laut aufseufzen: «Jetzt verstehe ich endlich, warum sie es mir nicht geben konnten!» Dieses plötzliche Verständnis ist eine ungeheure Erleichterung: Wir spüren förmlich, wie sich der schmerzhafte Griff der Vergangenheit um unser Herz lockert.

Die Lösung: Einbringen, was damals fehlte

Das Verständnis für die Lage der Eltern befreit ungemein. Doch das ist noch nicht einmal der größte Gewinn aus der Frage: Was hat sie daran gehindert, es mir zu geben? Es gibt noch einen viel größeren Gewinn. Wenn Sie nämlich erkennen, was Ihren Eltern damals fehlte, können Sie sich die wichtigste Frage dieses Buches und möglicherweise die wichtigste Frage in Ihrem Leben stellen:

Spüren Sie es? Da beginnt es doch schon im Kopf, im Bauch oder wo auch immer zu kribbeln. Wir spüren: Das ist die entscheidende Frage. Denn diese Frage entschied und entscheidet buchstäblich über den Verlauf unseres Lebens. Unser Leben verlief in diese Richtung, weil unseren Eltern etwas fehlte. Hätte es nicht gefehlt, verliefe es in eine ganz andere Richtung. Welche?

Ist das nicht phantastisch? Um unser Leben endlich in die gewünschte und erträumte Richtung zu lenken, müssen wir nicht unser ganzes Leben umkrempeln, den Job wechseln, endlich den Traumpartner finden oder eine Million im Lotto gewinnen. Wir müssen unseren Eltern lediglich rein gedanklich und rückwirkend das geben, was sie gebraucht hätten, um uns das zu geben, was wir gebraucht hätten. Damit schaffen wir rein gedanklich die Möglichkeit, das verdammte alte Programm ganz anders ablaufen zu lassen, als es ablief. Weil jetzt etwas da ist, was vorher nicht da war.

Dieses Vorgehen ist den meisten von uns spontan und intuitiv einsichtig. Viele sagen: «Na klar, wenn mein Vater damals nicht nach London geflogen wäre, hätte er meinem Lehrer aber ganz klar die Meinung gesagt – denn das konnte er. Dann hätte ich gemerkt, dass die eigenen Leute im entscheidenden Augenblick zu mir stehen. Dann würde ich heute meine Familie nicht in brenzligen Situationen mit diesem Misstrauen beäugen.»

Eine tolle Befreiung von der Vergangenheit, nicht? Aber warum funktioniert das denn?

Das Zitronen-Prinzip

Warum verändert ein fiktiv anwesender Vater das reale Leben seines Sohnes? Der Vater war damals *ganz real abwesend.* Dagegen ist die Vorstellung von einem anwesenden Vater doch *total fiktiv.* Und trotzdem wirkt das? Etwas Imaginäres kann die Realität ändern? Stimmt. Stellen Sie sich zum Beispiel eine Zitrone vor. Was passiert? Nichts. Nennen wir diese spartanische Vorstellung von einer Zitrone einmal die simple Zitrone.

Und nun stellen Sie sich bitte eine ebenso fiktive knallgelbe, erntefrische, knackige Zitrone vor, die fruchtsauren Saft über den Tisch spritzt, während Sie sie aufschneiden, und die so supersauer ist, während Sie knackend in sie hineinbeißen und der Saft Ihnen über Gaumen und Zunge und prickelnd und kitzelnd die Kehle hinabfließt, dass es Ihnen das Gesicht in alle Richtungen verzieht, Sie sich vor Schaudern schütteln und es Ihnen wohlig schauernd über den Rücken läuft. Und? Was ist jetzt passiert? Sie mussten schlucken. Wenn Ihnen bei dieser lebensechten Vorstellung von einer Zitrone nicht das Wasser im Munde zusammenlief, gibt es nur eine Erklärung dafür: Sie sind tot. Nennen wir diese sehr detaillierte Vorstellung von einer Zitrone die lebensechte Zitrone.

Natürlich läuft Ihnen das Wasser stärker im Munde zusammen, wenn Sie in eine reale Zitrone beißen. Aber das ist nicht der Punkt. Der Punkt ist: Sie haben sich etwas lediglich vorgestellt, und trotzdem hat sich die Realität verändert. Dieses Prinzip funktioniert nicht nur mit Zitronen. Es funktioniert auch mit der Vergangenheit. Warum? Weil es für unser Gehirn vollkommen egal ist, ob etwas tatsächlich passiert oder wir uns es nur lebhaft vorstellen.

Das Gehirn unterscheidet nicht zwischen Eindrücken, die von außen kommen, und Eindrücken, die es selbst produziert.

Wäre dem nicht so, könnten Sie niemals beim bloßen Gedanken an den nächsten Urlaub ein Wohlgefühl verspüren. Doch Sie tun es, und zwar manchmal sehr heftig. Diese Wirkung ist der Schlüssel zur Lösung unserer alten Geschichten: Was wir damals nicht lernten, können wir jetzt lernen, indem wir die Geschichte einfach so ablaufen lassen, dass sie ein gutes Ende nimmt. Wir gehen also zurück zum Ursprung einer negativen Kernüberzeugung, lassen die alte Geschichte ganz neu ablaufen und lernen dabei,

- dass wir eben nicht hilflos, sondern stark sind;
- dass viele Menschen, die wir lieben, bei uns bleiben;
- dass Probleme nicht bedrohlich, sondern lösbar sind;
- dass unsere Bedürfnisse Grundstein unseres Glücks sind;
- dass wir mit allen unseren Stärken und Fehlern sehr wichtig sind – nämlich für uns selbst und für viele andere auch;
- dass wir jedem Menschen innerhalb seiner Fähigkeiten vollauf vertrauen können, dürfen und sollen;
- dass wir schon lange gut genug und liebenswert sind.

Das funktioniert nicht nur mit Kernüberzeugungen, sondern auch mit jeder hartnäckigen Überzeugung, die Sie bislang nicht loswurden:

«Arbeit macht eben keinen Spaß.»
«Wer über fünfzig ist, findet keinen Job mehr.»
«Als Frau ist man hier eben benachteiligt.»
Oder Ähnliches.
Welche Überzeugungen möchten Sie loswerden?

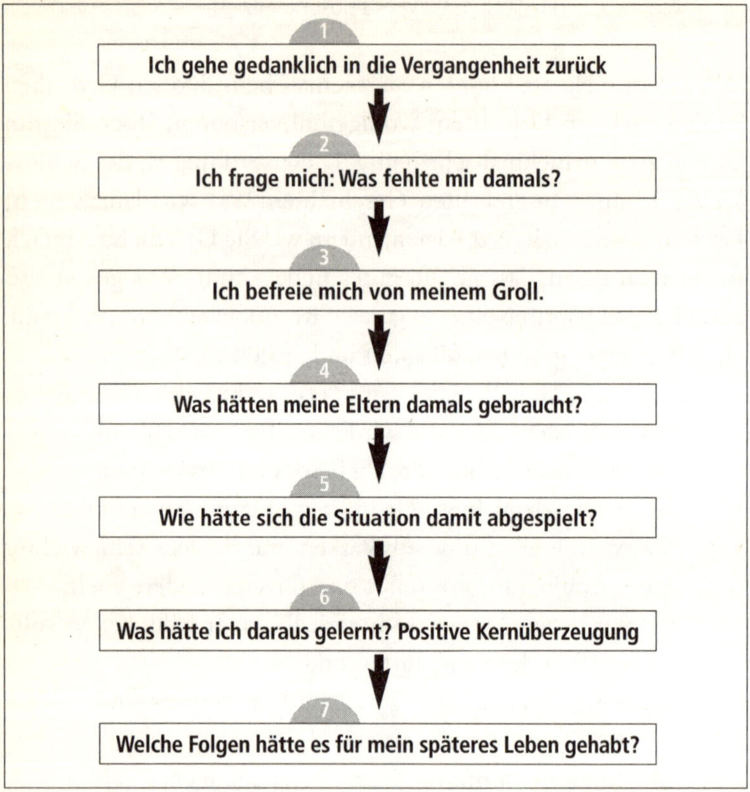

Abb. 09 Schicksal neu

Stellen Sie sich vor, wie es gewesen wäre

Sie wissen nun, was Ihren Eltern oder Bezugspersonen damals fehlte. Also geben Sie ihnen in Gedanken das Fehlende – mögen es

Umstände oder Fähigkeiten sein – und beobachten, was dann passiert. Spielen Sie die alte Geschichte einfach neu.

Spielen Sie die Geschichte aus zwei Blickwinkeln: aus dem eigenen und dem Ihrer Eltern oder Bezugspersonen. Beginnen Sie mit dem Blickwinkel der Bezugsperson. Warum? Warum müssen Sie sich auch noch Gedanken darüber machen, was Ihr Vater, Ihre Mutter, eine andere Bezugsperson wohl gedacht und getan hätte, wenn sie das gehabt hätte, was sie gebraucht hätte?

Aus einem einfachen Grund: Sie haben sich gewünscht, dass Ihre Bezugsperson damals etwas ganz Bestimmtes gesagt oder getan hätte – das, was Ihnen damals fehlte, was Sie verletzt hat, was eine negative Kernüberzeugung auslöste. Und nun stellen Sie sich vor, dass die Bezugsperson das Richtige getan oder gesagt hätte. Was passiert? Und reicht das, was passiert, aus, um die negative Kernüberzeugung zu verändern? Nein. Warum nicht? Weil das die simple Zitrone ist (s. o.). Das reicht einfach nicht. Unserem Gehirn ist zwar egal, ob Eindrücke von außen oder von innen kommen – aber intensiv müssen sie sein, sonst lösen sie nichts aus. Also geben Sie sich die lebensechte Zitrone:

Die imaginäre neue Geschichte muss so lebensecht sein wie die alte.

Je genauer Sie wissen, was die Person idealerweise damals gedacht und getan hätte, desto lebensechter können Sie sich die neue Geschichte ausdenken, desto überzeugender wirkt sie auf Ihr Gehirn und desto umwälzender ist die Wirkung auf die alte dumme Kernüberzeugung. Fragen Sie sich deshalb: Wenn ich an seiner/ihrer Stelle alles gehabt hätte, was ich brauche – was hätte ich meinem Kind damals in der konkreten Situation sagen wollen? Was hätte ich erreichen wollen? Was hätte ich gespürt, gesagt, getan? Malen Sie sich dieses ideale Verhalten Ihrer Bezugsperson aus und lassen Sie es vor Ihrem geistigen Auge so ablaufen, dass Sie es aus den Augen der Bezugsperson denken, sehen und erleben. Je mehr Details Sie hinzufügen, desto stimmiger wird dabei das Erlebte. Sie brauchen keinerlei Zweifel zu hegen, ob Sie diesen Rollenwechsel bewältigen können. Denn unbewusst tun wir das ständig. Jeder von uns hat schon mal gesagt: «So würde ich meine Kinder nie erziehen», und sich dabei konkret vorgestellt, wie er anstelle dessen sich verhalten hätte, den er gerade kritisiert. Dieses schauspielerische Talent ist uns allen angeboren – auch Männern. Spielen Sie also ruhig Ihre Bezugsperson. Spielen Sie ihr ideales Verhalten.

Da sträuben sich Ihnen die Nackenhaare? Ihr Vater, Ihre Mutter, Ihr Lehrer hätte sich niemals so ideal verhalten? Das stimmt so nicht. Einmal abgesehen von den ganz wenigen Sadisten und Psychopathen wünschen sich alle Eltern, gute Eltern zu sein. Ihr Vater, Ihre Mutter hatten sich damals in der konkreten Situation nicht besonders glücklich verhalten – doch darüber waren sie auch nicht besonders glücklich. Eltern sind zwar häufig sehr ungeschickt, aber so gut wie niemals dumm oder böswillig. Sie merken sehr wohl, wenn etwas schief läuft, wenn sie sich ungeschickt verhalten, wenn sie eine negative Kernüberzeugung verursachen – aber sie können es nicht ändern. Eben weil ihnen fehlt, was ihnen fehlt. Doch die Absicht, es zu ändern, es gut zu machen, ist bei allen Eltern vorhanden. Und als gute Eltern haben Sie Ihre Eltern – abgesehen von den alten Geschichten – doch erlebt, nicht wahr?

Es spricht also nichts dagegen und alles dafür, dass Sie die alte Geschichte mit der damals schon vorhandenen guten Absicht der Bezugsperson, es richtig zu machen, durchspielen – nur jetzt mit der zur Absicht passenden Fähigkeit, den Umständen, die bislang fehlten. Sie können und sollen diese Sichtweise übrigens für alle an einer kritischen Situation beteiligten Bezugspersonen durchspielen, falls es mehrere waren. Was kommt dabei heraus? Sie spielen dabei einen Vater, eine Mutter, die ganz genau das tut, zeigt und sagt, was Sie sich als Kind immer gewünscht haben.

Nachdem Sie die neue Geschichte aus dem Blickwinkel der Bezugsperson durchgespielt haben, spielen Sie sie jetzt aus Ihrem eigenen Blickwinkel heraus ab. Sie erleben die Bezugsperson dabei so aufmerksam, sanft, respektvoll und liebevoll, wie Sie sich es immer gewünscht haben und wie Sie es eben aus Sicht der Bezugsperson durchgespielt haben. Auf der Basis dieses imaginären Erlebens können Sie nun – endlich – Ihre alte, hinderliche Kernüberzeugung durch eine neue, förderliche Überzeugung ersetzen. Wie? Ganz einfach, indem Sie sich einige Fragen stellen. Wer fragt, lernt. Und ums Lernen einer neuen Überzeugung geht es hier ja.

Vier Fragen für ein neues Leben

Jetzt, da Sie die alte Geschichte aus Ihrer Sicht neu erlebten:

- Was sehen, hören, erleben und vor allem fühlen Sie? Gehen Sie mit allen Sinnen so tief wie möglich in das Erleben hinein.
- Was denken Sie nun über Ihre Welt? Notieren Sie es, wenn Sie möchten.
- Was lernen Sie daraus? Welche förderlichen neuen Überzeugungen für Ihr Leben werden dadurch möglich? Notieren Sie diese, wenn Sie möchten.
- Welches Bild über sich selbst kann sich daraus entwickeln?

Die Folgen fürs Leben durchspielen

Damit haben Sie ein neues Lernerlebnis, eine neue Geschichte, ein neues Programm mit neuer Kernüberzeugung geschaffen. So einfach ist das. Bislang glaubten Sie sich zum Beispiel in gewissen Situationen hilflos. Jetzt haben Sie die Ursituation neu erlebt und damit eine neue Kernüberzeugung geschaffen. Sie glaubten zum Beispiel, dass alle Partner Ihnen untreu sind, und jetzt haben Sie ein neues Bild dagegen gesetzt. Dieses neue Programm, das neue Bild, die neue Überzeugung überlagert die alte Überzeugung sehr stark. Sie verdrängt sie völlig, wenn Sie noch etwas tun:

> Malen Sie sich aus, welche Folgen die neue Überzeugung in Ihrem Leben gehabt hätte.

Malen Sie sich aus, wie Sie sich mit der neuen Überzeugung in jenen Situationen verhalten hätten, welche der Ursituation folgten. Gehen Sie vorwärts in der Zeit und klappern Sie möglichst viele der wiederkehrenden Stresssituationen mit der entsprechenden Überzeugung ab. Sie wissen inzwischen: Lebhaft muss das sein. Und wie es lebhaft wird, wissen Sie auch: Mit allen Sinnen genießen. Fragen Sie sich einfach:

- Was sehe, höre, spüre, denke, sage und tue ich in dieser Situation mit der neuen Überzeugung?
- Wie reagieren die anderen darauf?
- Was verändert sich gegenüber der alten Geschichte?

Vieles verändert sich. Und je mehr dieser kritischen alten Situationen Sie durchspielen, desto größer ist der Lerneffekt, desto mehr verändert sich, desto stärker wirkt die neue Überzeugung in Ihnen. Bis die alte völlig verschwindet. Wir wissen, dass wir aus Erfahrung lernen. Dabei ist es egal, ob die Erfahrung tatsächlich oder nur gedanklich gemacht wird. Wenn Sie gedanklich die neue Überzeugung in vielen alten Situationen bestätigen, wird es sein, als ob Sie diese neue Überzeugung tatsächlich in den realen Situationen bestätigt hätten.

Gehen Sie in die Zukunft

Um sich optimal vorzubereiten, können Sie Ihre Zeitreise aus der Ursituation heraus sogar bis in die Zukunft hinein fortsetzen:

Wie verhalten Sie sich mit der neuen Überzeugung in einer künftigen ähnlichen Situation?

Spielen Sie auch diese Situation so lebendig wie möglich durch. Fragen Sie sich vor allem: Was werde ich anders machen? Und im Gegensatz zu früher, wo Sie sich auch schon oft vorgenommen hatten, dass Sie es anders machen, machen Sie es jetzt tatsächlich anders. Warum? Weil eine Absicht allein nie viel hilft. Kommt aber die passende Überzeugung hinzu, wird die Absicht auch verwirklicht.

Dieses Vorausgehen in die Zukunft empfiehlt sich vor allem für wichtige Situationen wie Gehaltsgespräche, Präsentationen, Verhandlungen, Partnerkonflikte, Bedrohungen oder andere Situationen, von denen Sie wissen, dass sich dort bislang immer die alte negative Überzeugung einschaltete und Ihnen das Leben schwer machte.

Der Effekt verblüfft viele unserer Seminarteilnehmer oder Coaching-Klienten regelmäßig: «Die ganze Situation lief exakt so ab, wie ich es mir vorgestellt hatte. Kann ich denn jetzt die Zukunft vorhersehen?» Naja, vielleicht nicht die Zukunft, aber das eigene Verhalten – wenn Sie die dazugehörige Überzeugung kennen.

Sklavenbefreiung

Wir wiederholen die schmerzhaften Erfahrungen der Vergangenheit so lange, bis wir sie aufarbeiten. Wir sind so lange Sklaven unserer Vergangenheit, bis wir die alten, hinderlichen Prägungen durch neue Überzeugungen ersetzen. Wie Sie diese Neuprägung mit jenen Überzeugungen erreichen, welche bislang Ihren Bemühungen widerstanden, haben Sie in diesem Kapitel gesehen und idealerweise erfahren.

Sie können Ihre Vergangenheit nicht verändern, aber Sie können sie neu schrieben. Und indem Sie Ihre Vergangenheit neu schreiben, schreiben Sie auch Ihre Gegenwart und Zukunft neu. Sie können dabei das lernen und erleben, was Sie heute brauchen, um glücklich, zufrieden und erfolgreich in Beruf und Beziehung zu sein.

Seien Sie dabei geduldig mit sich, arbeiten Sie eine alte Geschichte nach der anderen durch. Wenn Sie sich nur widerwillig mit sich selbst und Ihren alten Geschichten beschäftigen, fragen Sie sich, welche hinderliche Überzeugung dahinter nun wieder steckt, und bearbeiten Sie zuerst diese.

«Ich bin glücklich. Mir gefällt das Leben. Weil ich mir gefalle.»
Lissy Schneider, freie Architektin

15. Die Tage der Freiheit

Der romantische Irrtum

Wir haben das Buch mit unseren ständig wiederkehrenden Problemen und Ärgernissen begonnen und beenden es mit unseren Kernüberzeugungen. Wir haben im Laufe des Buches gesehen und erfahren: Wenn es dunkle Punkte, chronische Problemchen in unserem Leben gibt, die mit unschöner Regelmäßigkeit immer wieder auftauchen, die uns Glück und Zufriedenheit, Beziehungen und Erfolg be- oder verhindern, dann liegt es an diesen Überzeugungen.

Welche Überzeugungen stören regelmäßig Ihr Leben?

Das sind einige wenige «große» Überzeugungen wie: «Ich bin nicht gut genug» oder: «Meine Bedürfnisse sind nicht wichtig», aber auch viele «kleine», doch nicht minder störende Überzeugungen wie:

- Arbeit ist eben stressig oder anstrengend.
- Sich selbst verwirklichen kann man im Beruf nicht.
- Nur im Urlaub ist das richtige Leben.
- Reisen sind anstrengend.
- Kunden sind unhöflich und überfordernd.

- Mit fünfzig zählt man zum alten Eisen.
- In dieser Firma bringt eine Frau es nicht weit.
- Männer/Frauen sind eben so.

Womit behindern Sie sich tagsüber denn so? Notieren Sie, wenn Sie möchten.

«Folgende hinderliche Überzeugungen werde ich ablegen»:

Wenn Sie sich selbst, Ihre Gedanken und Gefühle einmal während des Tages so ganz nebenbei beobachten, werden Sie feststellen, dass Ihr Leben fest im Griff dieser Überzeugungen ist. Etliche davon sind absolut lebensnotwendig, einige davon sind sehr nützlich, aber viele sind einfach nur störend, fressen unsere Energie, sabotieren uns. In diesem Zustand sind die meisten von uns inzwischen angelangt. Wir sind unzufrieden mit der Arbeit. Wir kommen uns verbraucht vor. Der Beruf hat uns nicht das gegeben, was wir von ihm erhofft hatten; trotz aller vorzeigbarer Erfolge. Im Gegenteil: Je höher wir steigen, je mehr äußere Erfolge wir sammeln, desto leerer und unzufriedener fühlen wir uns innen drin.

Dieselbe Ernüchterung im Privatleben. Wir haben von unserem Partner, unserer Familie doch etwas mehr Aufmerksamkeit, Sicherheit, Anerkennung, Selbstwertgefühl, Liebe, Geborgenheit – was war es bei Ihnen? – erwartet, als sie uns nun geben. Viele von uns sind deshalb immer noch auf der Suche nach dem Traummann, der Traumfrau – und werden bei dieser romantischen Suche von einer ganzen Gesellschaft mit ihren Popsongs, Filmen, Büchern und Werten in diesem romantischen Irrtum bestärkt. Weil Romantik sich verkauft. Und weil die Gesellschaft selbst nie gelernt hat, diesen romantischen Irrtum als solchen zu erkennen.

Was wir von der Welt erwarten, kann sie uns nicht geben.

Viele von uns haben ihre Erwartungshaltung gegenüber Beruf und Beziehungen inzwischen frustriert aufgegeben und leben nun in stiller Resignation mit dem unausgesprochenen Vorwurf an Arbeit, Leben, Familie, Welt und Partner: «Du gibst mir nicht, was ich brauche!» Oder schlimmer noch: Wir haben exakt das, was wir von Beruf und Menschen erwarten – Erfolg, Macht, Anerkennung, Sicherheit –, bekommen und blieben dabei innerlich doch seltsam unbefriedigt und ruhelos. Wer das Buch aufmerksam gelesen hat, wird dahinter gekommen sein, warum das so sein muss: Wir beklagen zwar, dass das Leben, der Job, die Kinder, der Partner, die Kollegen oder der Chef unsere Erwartungen nicht erfüllen. Doch wir ahnen insgeheim, dass wir selbst es sind, die unsere Erwartungen nicht erfüllen. Nicht der Partner, der Chef, die Kunden, Gott und die Welt haben uns im Stich gelassen, sondern wir uns selbst. Wir haben den falschen Überzeugungen vertraut.

Keine Anerkennung, Sicherheit, Erlaubnis, kein Freiraum von außen kann die innere Anerkennung, Sicherheit, Erlaubnis, den inneren Freiraum ersetzen.

Seit wir das erkannt haben, geht es aufwärts mit uns. Wir haben begonnen, uns mit unseren hinderlichen Überzeugungen konstruktiv auseinander zu setzen,

- indem wir ganz einfach scharf nachdachten und deren Haltlosigkeit erkannten;
- indem wir unseren alten Groll auf die Vergangenheit endlich beilegten und uns mit ihr versöhnten;
- indem wir Gegenbeispiele für die alten Überzeugungen suchten oder
- indem wir in die Vergangenheit reisten und ein Reimprinting vornahmen.

Egal, auf welche Weise Sie Ihre lästigen Überzeugungen überwanden und überwinden – damit beginnt für Sie ein neues Leben. Ein Leben in Reichtum und Fülle.

Entdecke die eigene Stärke

Sobald eine alte Kernüberzeugung fällt, ist unser Leben nicht mehr dasselbe. Wer seine alten Überzeugungen ablegt, entdeckt zum Beispiel die eigene Stärke. Wenn Sie bislang glaubten, dass Sie in bestimmten Situationen, also zum Beispiel gegenüber Autoritätspersonen, bei erschreckenden Krankheiten oder unter widrigen Umständen machtlos sind, nichts zu machen ist, dann werden Sie nun entdecken, dass sehr viel mehr in Ihnen steckt, als Sie bislang wussten.

Bei drohenden betriebsbedingten Entlassungen kann man beispielsweise beobachten, dass große Teile der Belegschaft wie gelähmt auf ihren wegfallenden Arbeitsplätzen sitzen und sich nicht rühren – obwohl jeder weiß, dass demnächst Schluss ist. Was lähmt diese Menschen? Etwa die miese Arbeitsmarktlage, ihr Alter, die schlechte Branchenkonjunktur? Nein, was sie lähmt, sind keine Marktfakten, sondern ihre Überzeugungen:

- «In unserer Branche herrscht gerade Einstellungsstopp.»
- «Ich bin zu alt für einen neuen Job.»
- «Uns will doch eh keiner mehr.»

Das heißt nichts anderes als:

- «Ich bin machtlos.»
- «Ich bin nicht gut genug».

Es ist klar, dass man mit so einer Einstellung keinen Job findet, es sei denn, er fällt einem auf den Kopf. Sobald ein Mensch von diesen Überzeugungen herunterkommt, entdeckt er hinter seiner jahrelang für selbstverständlich genommenen Machtlosigkeit eine ungeheure Stärke, die ihm nicht nur in Windeseile einen neuen Job, sondern auch ein ganz neues Selbstbewusstsein verschafft.

> Nicht die Umstände sind gegen uns, sondern unsere Überzeugungen.

Oft ändern sich die Umstände, eine belastende Situation oder die Problemzusammenhänge alleine dadurch, dass wir die Art ändern, wie wir sie betrachten. Wer seine eigene Stärke hinter einer falschen

Überzeugung entdeckt hat, den halten selbst widrigste Umstände nicht auf. Kämpfen Sie nicht gegen die Umstände. Bearbeiten Sie lieber Ihre Überzeugungen. Solange wir noch glauben, dass wir in bestimmten Situationen nichts ausrichten können – in welchen Situationen sind Sie davon überzeugt? –, so lange können wir die Macht unserer inneren Stärke nicht spüren. Und wir sind alle stark und mächtig – wenn wir endlich die alte Überzeugung ablegen.

Jede neue Überzeugung erschließt neue innere Qualitäten.

Entdecke den inneren Reichtum

In jedem von uns steckt viel mehr, als wir ahnen. Einstein hatte Recht, wenn auch auf andere Weise, als er es ausdrückte: Wir nutzen nur 5 Prozent unseres persönlichen Potenzials. Warum nutzen wir nicht die restlichen 95 Prozent? Weil die alten, hinderlichen Kernüberzeugungen uns den Zugriff auf sie versperren.

Jede neue Überzeugung erschließt ungeahnte innere Reichtümer.

Fallen die alten Überzeugungen, entdecken wir, dass wir nicht ständig alles unter Kontrolle haben müssen, dass uns die Welt, die Arbeitsplatzbedrohung, die Unsicherheit der Zeiten nicht erschrecken können, weil wir unsere innere Sicherheit gefunden haben. Es gibt etwas, das in diesen unsicheren Zeiten absolut sicher ist: etwas in unserem Inneren. Diese innere Sicherheit schützt uns selbst vor schlimmsten Bedrohungen. Menschen mit dieser beneidenswerten inneren Sicherheit glauben und fühlen etwas, was Paul

Watzlawick sehr schön ausdrückte: «Die Lage ist hoffnungslos, aber nicht ernst.» Man wird bedroht, aber man fühlt sich nicht länger bedroht. Denn man weiß, dass man etwas besitzt, das einem nichts und niemand nehmen kann: sich selbst und alles, was in einem steckt.

Wir entdecken, dass wir keinen Partner, Chef, Staat brauchen, dem wir bedingungslos vertrauen können, solange wir uns selbst vertrauen. Wir erkennen, dass wir manchmal alleine, aber niemals einsam sein können; denn wir haben ja uns selbst. Es wird immer jemand für mich da sein, der mich versteht: ich selbst – wenn ich mir die Mühe mache, mich zu verstehen. Je mehr wir uns selbst entdecken, desto mehr reichen wir uns selbst.

Alles Wichtige, was wir zum Leben brauchen, ist schon in uns. Es geht lediglich darum, dass wir es freilegen. Und dazu müssen wir die alten Überzeugungen überwinden. Das hat Einstein damals nicht erwähnt.

Alles in uns

Wenn wir unsere alten Glaubenssätze überwinden, stoßen wir die Tür zu einem neuen Leben auf. Wir gehen auf die spannendste Entdeckungsreise unseres Lebens. Wir entdecken, dass wir nicht unbedingt einen Chef, Partner, eine Familie benötigen, die uns geben, was wir brauchen. Dass wir uns selbst geben können, was wir brauchen. Wir können unsere Probleme selbst lösen, denn wir haben gesehen, dass unsere Machtlosigkeit und Unselbstständigkeit nur eingebildet war. Wir können unsere Aufgaben selbst lösen, wenn niemand für uns da ist. Nicht, weil eben niemand für uns da ist und wir es deshalb alleine machen *müssen*, sondern weil wir es alleine *können* und weil es uns glücklich macht.

Wir entdecken, dass wir unsere Bedürfnisse selbst befriedigen können, seit wir nicht länger auf eine alte Überzeugung hören, die uns einredet, dass alles andere wichtiger ist. Früher wussten wir, dass auch unsere eigenen Bedürfnisse wichtig sind. Seit wir die alte Überzeugung überwunden haben, fühlen wir es auch – das macht den Unterschied. Wir entdecken, dass wir uns selbst die Anerkennung und Sicherheit geben, jenen Freiraum selbst verschaffen können, den wir zu einem glücklichen, erfolgreichen und erfüllten Leben brauchen.

Alles, was wir zum Leben brauchen, finden wir in uns: innere Stärke, innere Sicherheit, Zärtlichkeit, Liebe, Vertrauen, Freundschaft, Aufmerksamkeit, Anerkennung, Freiraum. Was Sie sich auch wünschen, es ist schon da. Wenn Sie es noch nicht entdeckt haben, bedeutet es nicht, dass es nicht da ist, sondern dass noch eine alte Überzeugung den Zugang versperrt. Räumen Sie sie weg. Sie wissen inzwischen, wie.

Sei dein Freund: Der innere Dialog

Je mehr hinderliche Überzeugungen wir aus dem Weg räumen, desto mehr von dem, was wir brauchen, finden wir in uns. Für die meisten Menschen kommt das völlig überraschend und stößt ein ganzes Weltbild vom Sockel: «Ich wusste gar nicht, dass ich mir selbst die Geborgenheit geben kann, die ich brauche», sagt Evi. «Mein ganzes Leben lang hielt ich es quasi für ein Naturgesetz, dass man sich nur bei einem anderen Menschen geborgen fühlen kann, nein darf.»

Dass unser Glück an einem anderen Menschen oder an glücklichen Umständen hängt, ist keine Tatsache, sondern ein Irrtum.

Stoßen wir die alte Überzeugung um, erkennen wir diesen Irrtum. Darüber sind die meisten von uns hoch erfreut: Ich kann mir die Anerkennung und Sicherheit, die ich brauche, auch selbst geben! Danach kratzen sich jedoch die meisten von uns etwas ratlos am Kinn: Wie anerkennt man sich selbst? Wir wissen es nicht. Wir gingen unser ganzes Leben lang davon aus, dass wir um die Anerkennung anderer kämpfen müssen, die uns im Übrigen nicht satt macht. Deshalb haben wir verlernt, uns die Anerkennung zu geben, die uns satt macht: unsere eigene.

Wir stellen erschrocken fest, dass wir dafür noch nicht einmal Worte haben! Wie sehr wir uns doch in all den Jahren vernachlässigt haben. Wir wissen noch nicht einmal, wie wir mit uns selbst reden müssen. Aber wir wissen dank der neuen Überzeugung: Wir müssen es tun. Am Anfang ist dieser neue, innere Dialog noch sehr ungewohnt und holperig. Oft spielt er sich noch nicht einmal in Gedanken, sondern in Gefühlen ab, die wir in Worte und Gedanken übersetzen müssen, um uns selbst verstehen zu können: «Nun sag doch endlich was dazu, wie schnell ich das Budget abgeschlossen habe!»

«Jaja, war schon gut.»

«Was? Nur gut?»

«Nein, ich meine, das war super!»

«Und das soll ich glauben?»

«Ich war noch nie so schnell bei so vielen Einzelposten!»

«Na das hört sich doch viel besser an. Herzlichen Dank.»

Wir müssen erst wieder mit vielen Versuchen und Fehlversuchen lernen, wie wir uns selbst

- anerkennen können;
- würdigen müssen;
- auffangen, trösten, wieder aufrichten können;
- Mut zusprechen können;
- beruhigen können.

Was brauchen Sie? Wie können Sie es sich geben? Wie finden Sie das heraus? Indem Sie es ausprobieren. Nadia hat – sie hat mitgezählt – fünfzehn verschiedene Dinge ausprobiert, um sich wieder «einzukriegen», wenn sie total am Boden ist. Beim sechzehnten hat sie gefunden, was ihr und nur ihr allein das gibt, was sie braucht: Ein Dreißig-Minuten-Bad mit Duftöl. Seltsamerweise – nur für uns seltsam, für sie nicht – gibt nur das ihr das Gefühl dafür, wie wichtig sie sich selbst ist.

Wir müssen erst wieder lernen, für uns zu sorgen.

Ein mühsames Lernen aus Versuch und Irrtum? Nein, das ist ein schönes und leichtes Lernen. Denn selbst Fehlversuche bringen uns weiter. Wir kommen dabei mit jemandem in Kontakt, den wir seit Jahren vermisst haben: uns selbst. Die meisten Menschen sind geradezu fasziniert von dieser eigenen Fürsorge, dem inneren Dialog. Sie unterhalten sich nicht nur glänzend dabei, sie schöpfen daraus Kraft und innere Ausgeglichenheit. Und sie müssen dafür nichts mehr tun, als mit sich zu reden und gut zu sich zu sein!

Ja, sogar Freiheit und Abenteuer können wir in uns selbst finden. Wir müssen nicht über glühende Kohlen laufen, um unsere

Grenzen zu überschreiten und stolz auf uns zu sein. Wir können unsere Grenzen täglich, stündlich überschreiten. Kerstin zum Beispiel hat jüngst zum ersten Mal ihrem dominanten Chef widersprochen: Sie hat eine Grenze gesprengt. Und war darauf stolz wie eine Schneekönigin: ganz bewusst, sie hat sich dafür einen Nachmittag frei genommen und ging zur Belohnung bummeln. Das hat ihr mehr gebracht als Feuerlaufen, denn dieser Grenzübergang war wichtiger für sie.

Der innere Dialog ist ein treuer Helfer in allen Lagen.

Aus dem Wirrwarr der von den alten Überzeugungen unterdrückten Gefühle wird dank der neuen Überzeugungen ein Dialog und aus dem Dialog Freundschaft. Je stärker wir diesen neuen, konstruktiven inneren Dialog pflegen, desto vertrauter werden wir uns, desto besser können wir auf unsere eigenen Wünsche und Befindlichkeiten eingehen. Kurz: Wir werden uns selbst ein Freund. Manche werden sich selbst der beste Freund, die beste Freundin. Das ist nicht das Schlechteste im Leben, oder? Einfach nur mit sich reden, um sein bester Freund zu werden – warum ist das so einfach? Bedenken Sie, was uns bislang daran hinderte. Sämtliche der sieben (siehe Kapitel 2, Seite 21) Kernüberzeugungen lösen dieselbe Art inneren Dialog aus: «Du bist in diesem Punkt machtlos. Deine Bedürfnisse zählen nicht. Du bist nicht liebenswert.»

Wenn Sie in diesem Ton, mit diesen Vorwürfen 24 Stunden am Tag mit einem Menschen reden würden – so wie wir es mit uns selbst tun – was wäre dann dieser Mensch nach zehn Tagen? Ihr schlimmster Feind. Und genau das sind wir uns selbst, wenn und weil wir so mit uns reden.

Das heißt umgekehrt: Um uns selbst ein Freund, Ratgeber, Vertrauter zu werden, müssen wir lediglich diesen destruktiven Dialog in einen wertschätzenden und konstruktiven verwandeln. So einfach ist das. Und wenn wir unsere negativen Kernüberzeugungen überwunden haben, geht das auch.

Die eigenen Bedürfnisse entdecken

Eine der größten Bereicherungen des eigenen Lebens ist der Abschied von der Überzeugung: «Andere Dinge sind gerade wichtiger als meine Gefühle und Wünsche». Sobald wir erkennen und zu erfühlen lernen, wie wichtig unsere Bedürfnisse sind, ändert sich unser Leben. Wir tun nun Dinge, an die wir vorher nie gedacht hätten. Irene, 59 Jahre alt, hat zum Beispiel einen Computer gekauft. In ihrem Alter noch so etwas Neues lernen? Sie lacht: «Nein, der ist nicht für mich. Der ist für meinen Sohn, damit er seine Diplomarbeit drauf schreiben kann.» Sie würde das ja auch gerne mal probieren, aber: «Nur so zum Spaß einen Computer kaufen? Das könnte ich nicht.»

Das Bedürfnis des Sohnes ist ihr also wichtiger als ihr eigenes. Als ihr das bewusst wird, fängt sie an, über diese seltsame Priorisierung nachzudenken. Ihr fällt auf, dass das schon immer so war: «Erst die Kinder, dann der Mann, dann der Haushalt – für mich hatte ich nie Zeit.» Die nimmt sie sich jetzt, schwatzt einem befreundeten Geschäftsmann dessen gebrauchten Laptop ab, kauft sich den Borsalino-Hut, den sie sich als Teenager wünschte, und tippt nun auf der Veranda sitzend Kurzgeschichten. Total verrückt? Mag sein, doch sie ist glücklich dabei. Sie schämt sich fast zu sagen, dass sie damit glücklicher ist als mit ihrer Familie – aber an dieser hinderlichen Überzeugung wird sie demnächst arbeiten. Warum muss man unbedingt in der Familie am glücklichsten sein?

Die Entdeckung der eigenen Bedürfnisse ist sehr spannend. Denn auf die Idee mit dem Borsalino kam Irene nicht spontan. Ihr fehlte einfach irgendetwas. Es dauerte Tage, bis sie herausfand, was. Erwarten Sie also nicht, dass Sie sofort wissen, was Ihnen fehlt, wenn Ihnen etwas fehlt. Wir haben so lange nicht auf unsere Gefühle und Bedürfnisse gehört, dass wir erst langsam wieder lernen müssen, sie zu entschlüsseln. Manchmal wissen Sie sofort, was Ihnen gut tun würde, manchmal ahnen Sie es nur. Doch mit der neuen Überzeugung, dass eigene Wünsche wichtig sind, haben Sie jetzt die innere Erlaubnis, es herauszufinden. Je rätselhafter ein Bedürfnis ist, desto mehr lohnt sich die Nachforschung, denn desto wichtiger ist es für Sie. Manchmal dauert es Wochen und Dutzende Fehlversuche, bis man herausfindet, was einem in einer bestimmten Situation gut tun würde.

Je stärker wir uns mit unseren eigenen Bedürfnissen befassen, desto mehr lernen wir dabei über sie und uns. Wir lernen zum Beispiel, dass unsere Befürchtungen Unsinn sind. Die meisten von uns befürchten nämlich, dass, wenn sie von einem Tag auf den anderen ihre Bedürfnisse ernst nehmen, sie zum Beispiel nicht mehr arbeiten, ihre Familie verlassen und auf Kreta Schafe züchten wollen. Das ist ausgemachter Schafskäse. Das suggeriert uns nur die alte Überzeugung: «Hör nicht auf dich, hör auf deine Arbeit, deinen Boss, deine Kunden …» Unsere Bedürfnisse sind nämlich viel weiser, als wir glauben. Wenn wir uns von unserem Job und der Familie gestresst fühlen, müssen wir beides nicht aufgeben. Meist reichen ein paar Stunden, in denen wir uns wirklich nur für uns Zeit nehmen, um das Bedürfnis nach Ruhe und Entspannung zu befriedigen. Unsere Bedürfnisse sind immer viel genügsamer, als uns das die alten Überzeugungen einreden möchten.

Sie sind auch viel geduldiger, als wir das annehmen. Wir müssen zum Beispiel nicht sofort von der Arbeit aufspringen, wenn uns das Bedürfnis nach Abwechslung, Entspannung oder Bewegung packt. Das Bedürfnis ist auch zufrieden, wenn wir es vertrösten – sofern das nur glaubwürdig und zuverlässig geschieht. Ein Vorstandsmitglied eines Chemieunternehmens sagt: «Mitten in der Sitzung kann ich nicht auf den Golfplatz rennen – auch wenn ich manchmal nichts lieber tun würde. Ich verspreche mir die Golfrunde dann für den darauf folgenden Nachmittag. Das funktioniert, wenn ich es tatsächlich tue. Tue ich es nicht, meldet sich das Bedürfnis mit der Wut und Enttäuschung eines wütenden und enttäuschten Menschen. Und wenn ich es zweimal verschiebe, kriege ich Migräne.» Ein kluger Mann. Er kennt sich selbst so gut, dass er gut mit sich selbst umgehen kann. Er ist sich selbst ein gutes Vorstandsmitglied. Deshalb ist er es auch seiner Firma und seinen Mitarbeitern.

> Wer seine eigenen Bedürfnisse ernst nimmt, nimmt auch die Bedürfnisse anderer ernst.

Je besser wir unsere Bedürfnisse kennen lernen, desto eher bemerken wir auch, dass wir nicht ihre Sklaven sind. Wir können mit unseren Bedürfnissen verhandeln:

«Also Urlaub auf Malta ist gerade nicht drin. Aber wie wär's mit einem Ausflug in die Alpen?»

«Was will ich in den Alpen?»

«Okay, wonach ist dir denn?»
«Hmh, mach mir mal ein Angebot.»

Für den Anfang klingt das verrückt. Doch Menschen, die ihre alten Überzeugungen losgeworden sind, berichten einhellig, dass sie mit ihren Bedürfnissen verhandeln können wie mit «normalen» Menschen. Dass sie es nicht nur können, sondern müssen. Wenn sie es nicht tun, gibt es nämlich Krach. Diese inneren Gespräche sind nicht immer lustig. Vor allem, wenn ein Teil von uns wütend, verletzt, frustriert oder traurig ist. Es wird aber unter Garantie noch viel unlustiger, wenn wir diese Gefühle, die Gesprächswünsche sind, in der gewohnten Art abtun, ignorieren, im wahrsten Sinne des Wortes vertrösten: «Nun nimm das mal nicht so schwer. Reiß dich zusammen.» Das hat noch nie gewirkt, wirkt nicht und wird auch niemals wirken. Der Teil unserer Persönlichkeit, den wir so abspeisen, reagiert immer sauer. Eben so, wie wir es kennen: mit noch heftigeren, diffusen Emotionen, mit Übersprungsreaktionen und mit psychosomatischen Beschwerden. Wer sich nicht mit sich selbst unterhält, wird die Konsequenzen tragen.

Den äußeren Reichtum entdecken

Wenn Sie Ihre alten Überzeugungen ablegen, entdecken Sie nicht nur einen überwältigenden inneren Reichtum. Sie entdecken auch einen äußeren Reichtum. Sie entdecken, wovon die Dichter sprachen und was Ihnen bislang vielleicht wie eine zynische Ausgeburt eines weltfremden Gehirns vorkam: Die Welt ist ein Füllhorn. Alles, was Sie benötigen, ist im Überfluss vorhanden. Sie haben es bislang einfach nicht gesehen! Das klingt unglaublich? Dann lassen Sie uns diese Behauptung doch einmal ganz kühl und sachlich überprüfen.

Jede neue Überzeugung weitet den Blick für den Reichtum der Welt.

Das ist die logische Konsequenz aus der Beseitigung der alten Überzeugungen. Denn mit den alten Überzeugungen fällt auch die selektive Wahrnehmung. Bislang haben Ihre alten Überzeugungen unbarmherzig alles ausgeblendet, was nicht zu ihnen passte – also ungefähr 90 Prozent der Realität. Franz zum Beispiel hat gestern seinen alten Glaubenssatz überwunden, «Mit fünfzig kriegt man keinen Job mehr» und heute findet er gleich drei Job-Angebote exakt für seine Qualifikation. Ein Wunder? Wenn ja, dann werden Sie künftig täglich ein Dutzend Wunder erleben; mindestens. Denn die Job-Angebote waren eigentlich schon lange da – Franz hat sie nur nie bewusst wahrgenommen oder sofort schlecht geredet. Weil sie nicht zu seiner Überzeugung passten.

Wenn Sie Ihre Furcht vor dem Alleinsein losgeworden sind, entdecken Sie plötzlich, dass Sie nie alleine waren. Sie entdecken viele gute, alte, treue Freunde, die eigentlich immer um Sie herum waren – Sie haben sie nur leider nie wahr genommen. Sie waren Ihrer falschen Überzeugung nicht gut genug. Wenn Sie nicht länger allem und jedem misstrauen, entdecken Sie plötzlich, dass Sie jedem Menschen in einem ganz bestimmten Bereich, nämlich seinem Kompetenz- und Gewohnheitsbereich, absolut vertrauen können. Wenn Sie nicht länger glauben, dass Sie nicht gut genug sind, entdecken Sie plötzlich, dass Sie täglich von vielen Menschen direkt und indirekt Anerkennung finden, welche Sie vorher einfach ignorierten oder schlecht redeten.

Wer seine alten Kernüberzeugungen über Bord wirft, entdeckt sich selbst als Freund und entdeckt, dass die Welt voller Freunde ist.

Wir entdecken, dass alles, was wir zum Leben brauchen, eigentlich immer schon da war, wir es nur nie richtig wahrnahmen.

Es ändert sich alles

Ändern wir unsere Kernüberzeugungen, ändert sich alles. Sie werden zum Beispiel bemerken, dass die ständig wiederkehrenden Probleme, Ärgernisse und Konflikte, mit denen Sie in dieses Buch hineingingen, nicht mehr auftauchen. Peter zum Beispiel hatte zwanzig Jahre lang vor jeder Projektabschluss-Präsentation fast einen Herzinfarkt. Heute spürt er zwar immer noch ganz leise diese alten Stimmen: «Das ist nicht gut genug, was ich da mache. Wenn der Kunde eine Frage stellt, kann ich sie nicht beantworten.» Was aber viel stärker in seinem Kopf und seinem Herzen wirkt, ist seine neue Kernüberzeugung: «Von allen Anwesenden weiß ich am meisten über mein Projekt. Meine Kompetenz ist unumstritten.»

Ändern sich unsere Kernüberzeugungen, werfen uns die kleinen Katastrophen des Lebens nicht länger aus der Bahn. Wir befürchten nicht hinter jeder Bedrohung eine Existenzbedrohung. Wir gewinnen vielmehr eine ungeheure innere Ruhe und Gelassenheit im Angesicht aller Bedrohungen. Wir misstrauen nicht länger der Zukunft und dem Leben. Wir schauen beiden mit positiven Erwartungen und Interesse entgegen. Wir müssen nicht länger alles und jeden kontrollieren. Wir können es vielmehr nehmen, «wie's kommt». Denn wir haben die dafür nötige innere Sicherheit gewonnen.

Unsere Beziehungen werden besser

Wie ein Paartherapeut einmal sagte: «Eine neue Überzeugung rettet mehr Ehen als jeder Eheberater.» Warum? Weil wir nicht länger unsere Beziehungen mit unseren überzogenen Erwartungen belasten: Mach mich glücklich, gib mir Sicherheit, kümmere dich Tag und Nacht um mich. Weil wir nicht länger von unserem Partner, unseren Familien, den Kindern erwarten, dass sie unsere alten Wunden heilen. Das entlastet jede Beziehung so, dass sie endlich aufblühen oder schmerzlos beendet werden kann, wenn wir dahinter kommen, dass die Beziehung nur eine Krücke für unsere alten Wunden war. Ist die Wunde behandelt, brauchen wir die Beziehung nicht mehr und können sie in beiderseitigem Einvernehmen beenden – denn unter der Krücke litt ja auch der andere – oder können den Partner jetzt erst richtig entdecken, schätzen und lieb gewinnen. Jetzt, wo wir ihn als Menschen und nicht nur als Krückenträger wahrnehmen.

In Beziehungen, in denen ein Partner seine alten Überzeugungen über Bord wirft, nehmen die Konflikte dramatisch ab.

Bereinigen Menschen ihre alten Geschichten, verändern sich ihre aktuellen Beziehungen immer auf dramatische Weise. Denn für die meisten Menschen ist eine Beziehung eine Zweckgemeinschaft, eine Ersatzbefriedigung für die unerfüllten Wünsche der Vergangenheit. Das implizite beiderseitige Motto dieser Beziehungen ist: «Ich liebe dich, weil ich dich brauche.» Deshalb fühlt man sich schlecht, wenn man voneinander getrennt ist, und fühlt sich schlecht, wenn man beisammen ist – weil man ja die alte Sehnsucht nie von außen heilen kann, wie wir gesehen haben. Für viele Menschen ist dies das typische Beziehungsdilemma: unglücklich mit, unglücklich ohne sie/ihn.

Bei Menschen, die ihre alten Geschichten bereinigt haben, beobachten wir dagegen etwas ganz und gar Erschreckendes. Etwas, was unserer gesellschaftlich akzeptierten Vorstellung von Liebe und Romantik derart widerspricht, dass Paartherapeuten bei Referaten schon allein dafür ausgepfiffen wurden, wenn sie es nur aussprachen: Wer im Reinen mit sich selbst ist, braucht den anderen nicht mehr. Nicht als Krücke, nicht als Suchtobjekt, nicht als Ersatzbefriedigung. Er liebt ihn nicht, weil er ihn braucht. Er braucht ihn, weil er ihn liebt.

Solche Menschen sind zwar auch traurig, wenn sie vom Partner zeitweise getrennt sind, doch sie fühlen sich gleichzeitig auch selbstbewusst und frei. Sie sind nicht abhängig voneinander. Sie fühlen sich allein vollkommen wohl. Seltsamerweise können sie deshalb das Beisammensein umso mehr schätzen und genießen. Sie können den anderen umso intensiver lieben, weil sie ihn nicht brauchen und deshalb nicht ständig überwachen müssen, ob er ihre Erwartungen auch erfüllt. Sie schöpfen aus sich selbst ebenso viel Freude wie aus Beziehungen. Sie sind glücklich mit und ohne Partner, weil sie sich selbst genügen. Und Menschen, welche sich selbst genügen, sind, in den Worten von Mae West, «the sexiest things alive». Sie strahlen etwas aus, was mit Worten nicht zu beschreiben ist. Sie sind einfach ganz und gar sie selbst. Das übt die stärkstmögliche Anziehung auf andere Menschen aus.

> Ich liebe dich, weil ich dich brauche? Oder: Ich brauche dich, weil ich dich liebe?

Was sich bei einer Bereinigung der alten Geschichten ebenfalls immer schlagartig verbessert, ist das Verhältnis zu den Eltern und anderen Mitgliedern der Herkunftsfamilie: Wir sehen sie jetzt mit anderen Augen. Wir sehen weniger ihre Fehler und mehr das, was sie uns Nützliches mitgaben.

Wer seine alten Überzeugungen ablegt, lernt aber auch, sich besser gegen Beziehungsübergriffe abzugrenzen. Das ist insbesondere für Männer ab dem vierzigsten Lebensjahr eine wahre Erleichterung. Denn in diesem Alter gibt es kaum einen Manager, der seine Familie nicht über alles lieben würde, dem sie aber hin und wieder so auf den Geist geht, dass er sie – vor allem an den Wochenenden – am liebsten auf den Mond schießen würde. Daher die legendäre und literarisch in den letzten Jahren heftigst bearbeitete Feierabendflucht der Manager: Sie wissen sich nicht anders gegen die familiäre Vereinnahmung abzugrenzen, als wie die Verrückten Überstunden zu schieben. Wer seine eigenen Bedürfnisse ernst nimmt und mit ihnen zu verhandeln gelernt hat, lernt auch, die Bedürfnisse anderer ernst zu nehmen, ihnen nicht länger auszuweichen, sich ihnen aber auch nicht zu ergeben und stattdessen zu verhandeln.

Die allein erziehende Geschäftsführerin eines Familienunternehmens sagt: «Ich habe mit meinen Kindern vereinbart: Wenn die Tür zum Arbeitszimmer zu ist, darf nur gestört werden, wenn Blut fließt. Daran hält sich sogar mein Sechsjähriger.»

Sie weiß aber auch: Danach muss sie sich Zeit für die beiden nehmen. Sie nimmt ihre eigenen Bedürfnisse ernst, aber auch die ihrer Kinder. Ihre Schwiegermutter hält sie unter anderem wegen dieser Regelung für eine Rabenmutter. Welch tragische Ironie! Die Schwiegermutter hat ihre Kinder derart überbehütet, dass diese heute hochneurotisch durchs Leben gehen. Deshalb hat sich die

Geschäftsführerin auch von ihrem Mann getrennt. Ihre eigenen Kinder lernen dagegen, was sie zum Leben brauchen: Dass es gesund ist, die eigenen Bedürfnisse zu befriedigen, dass man sich an Regeln halten kann, dass man auch dann lieb gehabt wird, wenn die Mutter nicht ständig präsent ist, dass man sich abgrenzen kann, ohne andere zu verletzen. Der Geschäftsführerin ist übrigens egal, was die Gesellschaft von ihr hält: «Meine Kinder sind mir wichtiger als das Geschwätz der Leute, die selbst nicht erziehen können.»

Neue Überzeugungen bringen neue Freunde.

Was sich ebenfalls in unserem Leben ändert, wenn wir neue Überzeugungen bilden, ist unser Freundeskreis. Haben wir früher versucht, unser Selbstwertgefühl mit Jasagern, Speichelleckern und Lobhudlern oben zu halten, dann brauchen wir diese Menschen nach Überwindung unserer Sucht nach Anerkennung nicht mehr. Dasselbe gilt für die Jagd nach Anerkennung per Selbstaufgabe und Helfersyndrom: Wer anderen hilft, wird wichtig genommen. Sobald wir beides nicht mehr nötig haben, haben wir die Menschen nicht mehr nötig, deren Anerkennung wir früher so krampfhaft suchten. Nun suchen wir uns Menschen, die uns wirklich gut tun.

Die Lebensziele ändern sich

Wenn Menschen ihre alten Geschichten in Ordnung bringen, stellen sie damit meist ihr ganzes Leben auf den Kopf. Auf den Kopf? Eher vom Kopf auf die Füße. Was bei einer Bereinigung der alten Überzeugungen zuverlässig eintritt, ist, dass wir uns selbst sehr viel wichtiger werden als jemals zuvor. Selbst die toughesten Manager, die trotz Herzinfarkt niemals die Warnungen ihrer Ärzte ernst nahmen, nehmen sich und ihre Gesundheit nun plötzlich – ohne dass eine Warnung von irgendjemand nötig wäre – sehr ernst.

Werden alte Geschichten bereinigt, ändern sich die Lebensziele.

Das erklärt auch, weshalb selbst ein drohender Herzinfarkt einen «normalen» Menschen niemals dazu bringen kann, sein Verhalten zu ändern: Eine Überzeugung ist immer mächtiger als Vorsatz oder Bedrohung. Wer mit dem Rauchen, den vielen Überstunden oder anderem schädlichen Verhalten aufhören möchte, sollte nicht beim Verhalten, beim Vorsatz oder beim guten Willen, sondern bei den Überzeugungen anfangen.

Wer seine alten Geschichten bereinigt, erkennt plötzlich, was ihm wirklich wichtig ist im Leben. Das löst oft heftigste Unruhe im Umfeld aus, wenn die Dinge und Menschen, die dem Betreffenden bislang wichtig waren, ihm nun nicht mehr so wichtig sind. Doch diese Unruhe lässt den Betroffenen recht unberührt: Wer seine Prioritäten erkannt hat, verfolgt sie auch durch alle Widerstände.

Man muss ja die Menschen, die man schätzt, deshalb nicht vor den Kopf stoßen. Das tun die Betroffenen auch nicht. Denn alle im Umfeld merken, dass er das nicht aus einer Laune heraus, sondern eben aus Überzeugung tut.

Wenn Manager ihre alten Geschichten bereinigen, ist eine der häufigsten Folgen, dass Macht, Status, Einfluss und Position plötzlich radikal an Wert für sie verlieren. Sie erkennen, dass Status keinen Seelenfrieden bringt und dass sie nicht länger hinter der nächsthöheren Position herhecheln müssen. Weil erstens die nächste Karrierestufe auch kein besseres Lebensgefühl mit sich bringt. Und weil zweitens das gute Lebensgefühl und die Selbstachtung nicht von der Position, sondern von der eigenen Überzeugung «Ich bin mir wichtig» abhängt. Für viele Führungskräfte wird dann die Qualität der eigenen Arbeit wichtiger als die Position.

Bei vielen anderen Führungskräften ist es genau umgekehrt: Die Position wird wichtiger als die Arbeit. So ergeht es vor allem Menschen, denen vorher «die Position nicht so wichtig ist, Hauptsache ich liefere gute Arbeit». Erkennen Sie es? Das ist die Überzeugung «Ich bin nicht wichtig». Wenn solche Menschen diese Überzeugung erkennen, entwickeln sie meist einen gesunden Stolz und erlauben sich, auch Meriten, Status und Lorbeeren für ihren Erfolg für sich zu reklamieren. Nach Jahren der stagnierenden Karriere werden sie dann «plötzlich» befördert. Weil sie es sich erlauben.

Es geht weiter

Vielleicht haben Sie inzwischen zaghaft damit begonnen, Ihre alten Überzeugungen zu hinterfragen; vielleicht sind Sie schon mitten dabei, die hinderlichsten darunter über Bord zu werfen. Dann haben Sie sicher schon bemerkt und erlebt, welche befreiende und stimulierende Wirkung dies auf Ihr Leben und Ihre Beziehungen, auf Zufriedenheit und Erfolg hat.

Und damit ist noch lange nicht Schluss. Denn einschränkende Überzeugungen werden wir unser ganzes Leben lang ausräumen müssen. Je mehr wir davon ausräumen, desto zufriedener, ausgeglichener und in der Welt erfolgreicher werden wir.

Wir wünschen Ihnen dabei den Erfolg, den Sie sich wünschen, und vor allem viel Spaß. Denn Spaß macht's immer. Vielleicht sehen wir uns ja mal auf einem Training oder im Coaching. Wir unterstützen Sie gerne bei Ihren persönlichen oder beruflichen Veränderungen. Unsere Kontakte:

Telefon 0 81 21 – 4 14 20
E-Mail: buero@stoegerpartner.de
Website: www.stoegerpartner.de

Ulrike Stedtnitz
Sprengen Sie den Rahmen
In 9 Schritten zum persönlichen Work-Life-Konzept
232 Seiten, gebunden
ISBN 3-280-05025-1

Lebens- und Berufsplanung für Erwachsene ist so aktuell wie nie zuvor. Selbst Verantwortung für die persönliche Lebenssituation übernehmen, die eigenen Bedürfnisse und Stärken umfassend kennen – darin liegt in unsicheren Zeiten die größte Sicherheit.

Dieses Buch enthält die kraftvollsten Werkzeuge, mit denen in neun sinnvollen Schritten das eigene Leben bewusst und aktiv geplant werden kann. Es zeigt auf, wie jeder Erwachsene, unabhängig von Alter oder Bildungsstand, zum aktiven Lebensgestalter werden kann.

www.ofv.ch orell **füssli** Verlag

Ob man als erstes oder zweites Kind oder als Nesthäkchen geboren wird, hat weitreichende Auswirkungen auf die Persönlichkeitsentwicklung: Die Berufswahl, die Beziehung zum Partner und der Umgang mit den eigenen Kindern werden entscheidend davon beeinflusst. In seinem informativen, leicht verständlichen Ratgeber entschlüsselt Kevin Leman, wie neben der Position in der Geschwisterfolge auch das Aufwachsen als Einzelkind das Leben prägt. Aufgrund zahlreicher Fallbeispiele ist es dem Leser möglich, das Beziehungsgeflecht zwischen Geschwistern zu erkennen und mehr Verständnis für sie aufzubringen.

6. Auflage, 192 Seiten, Taschenbuch
ISBN 3-636-07007-X

Bestellung per
Tel: 0 81 91-9 70 00-3 06
Fax: 0 81 91-9 70 00-5 60
E-Mail: bestellung@mvg-verlag.de
www.mvg-verlag.de

mvg Verlag
Move your life!

Wer träumt nicht ab und zu davon, dem Alltag auf eine einsame Insel zu entfliehen? Für Gabriella S. Pahud ging dieser Wunsch in Erfüllung. Das Tagebuch ihrer Inselzeit bildet die Basis für diesen Ratgeber. Die Autorin schreibt über den Zauber der Südsee, ihre Abenteuer, Überlebensstrategien, den Umgang mit Ängsten, Einsamkeit und Grenzen. Die daraus gewonnenen Erkenntnisse werden verknüpft mit alltäglichen Herausforderungen und Problemen, denen jeder Mensch ausgesetzt ist. Dieses Buch bietet Abenteuer und Inselgefühle und regt mit seinen psychologischen Aspekten, Lebensweisheiten und Tipps zu einem erfolgreicheren, glücklicheren Leben an.

224 Seiten, Taschenbuch
ISBN 3-636-07054-1

Bestellung per
Tel: 0 81 91-9 70 00-3 06
Fax: 0 81 91-9 70 00-5 60
E-Mail: bestellung@mvg-verlag.de
www.mvg-verlag.de

mvg Verlag
Move your life!

Jemandem zu vergeben, der uns verletzt oder Unrecht getan hat, fällt sehr schwer. Oft trägt man Verletzungen lange mit sich herum und verfällt gänzlich in die bedauernswerte Opferrolle. Der Ärger frisst sich fest, bis er die eigene Psyche blockiert. Vergeben hilft stattdessen dem Körper und der Seele, sich freier zu fühlen und loszulassen, und trotz der Verletzung neu anzufangen. Fred Luskin führt dem Leser die positiven Auswirkungen vor, die das Vergeben für ihn selbst hat, und stellt Techniken vor, wie man lernen kann, zu verzeihen.

256 Seiten, Taschenbuch
ISBN 3-478-08326-5

Bestellung per
Tel: 0 81 91-9 70 00-3 06
Fax: 0 81 91-9 70 00-5 60
E-Mail: bestellung@mvg-verlag.de
www.mvg-verlag.de

mvg Verlag
Move your life!